Menyedia Akaun Perniagaan (D.I.Y) Untuk Bukan Profesional

Penulis:

Zakaria Abdulrahman

PARTRIDGE

A Penguin Random House Company

To order additional copies of this book, contact
Toll Free 800 101 2657 (Singapore)
Toll Free 1 800 81 7340 (Malaysia)
orders.singapore@partridgepublishing.com

www.partridgepublishing.com/singapore

Ditulis Oleh:

Zakaria Abdulrahman

Penyunting:

Khuzaimah Kamari

Diterbitkan oleh:

Trafford Publishing

KANDUNGAN BUKU

PROFIL RINGKAS PENULIS/PENUTUP KATA
(Kulit Luar Belakang Buku)

RUANGAN CATATAN

SINOPSIS

Pendekatan utama penulisan buku ini adalah untuk memahamkan aspek-aspek berkaitan perakaunan dalam perniagaan secara bukan profesional. Intisari terhadap bahan-bahan bacaan berbentuk teori yang dizahirkan adalah menjurus kepada gerak kerja-gerak kerja amali untuk menyediakan laporan-laporan akaun. Seterusnya sehingga ke tahap menghasilkan penyata akaun beraudit sesebuah perniagaan.

Buku ini menyediakan contoh-contoh pelaksanaan amali berkaitan termasuklah dalam aspek konsep, istilah-istilah, jadual, gambarajah, dan lain-lain lagi yang digunakan dalam buku ini. Dengan kata lain, buku ini diharapkan dapat memahamkan para pembaca dan menjadi panduan kepada yang membacanya untuk menyediakan akaun bagi sesebuah perniagaan yang dijalankan.

Mereka yang membaca buku ini mungkin terdiri daripada pelbagai lapisan masyarakat dengan latar belakang yang berbeza-beza. Pembaca datangnya sama ada dari kalangan pelajar sekolah, mahasiswa atau graduan institusi pengajian tinggi, para guru, pensyarah, pekerja atau bos, pemilik perniagaan atau pembantu perniagaan, pengusaha industri kecil sederhana, peniaga pasar malam atau pasar tani, warga kerja institusi swasta atau jabatan kerajaan, anggota-anggota agensi berkanun atau pertubuhan bukan kerajaan (NGO), persatuan-persatuan, ahli-ahli jawatankuasa masjid atau bendahari masjid, mereka yang mencari pekerjaan atau pemegang jawatan dan penjawat pekerjaan sedia ada. Mahu pun mereka yang khususnya mengendalikan akaun dalam mana-mana entiti sama ada berbentuk perniagaan atau pun bukan perniagaan. Termasuk juga mereka yang berterusan berusaha memahami perakaunan dalam kerjaya masing-masing.

Mereka yang membaca buku ini bukan sahaja untuk sekadar suka-suka atau membaca buku ini hanya untuk *bersantai memenuhi masa terluang atau mereka membaca buku ini sebagai hobi sahaja. Melalui pembacaan buku ini, pembaca mungkin terdorong untuk menghadiri kursus-kursus yang ditawarkan dalam rangka meningkatkan lagi kemahiran perakaunan seperti mana yang disarankan oleh penulis di dalam buku ini.*

Pembaca akan didedahkan dengan konsep-konsep serta kaedah-kaedah dokumentasi yang digunakan dalam kerja-kerja perakaunan bagi sesebuah perniagaan. Selanjutnya, diterangkan pula langkah-langkah untuk menyediakan akaun dalam sesebuah perniagaan yang akan atau sedang dikendalikan.

Kandungan buku ini telah dibahagikan kepada beberapa topik dan sub-topik serta memperincikan aspek-aspek yang relevan dalam penyediaan akaun sesebuah perniagaan. Buku ini menggariskan beberapa langkah komprehensif yang perlu diberi perhatian untuk menyediakan akaun sesebuah perniagaan dengan baik dan berkesan.

Buku ini juga membincangkan aspek-aspek dan keperluan dokumen-dokumen sokongan yang berkaitan dengan penyediaan rekod-rekod akaun, antaranya; invois, slip deposit bank, akaun-akaun kredit/debit (akaun pihak perniagaan 'melawan' penyata akaun bank bulanan), rekod-rekod berkaitan jualan atau penerimaan hasil dan langkah-langkah kawalan terhadapnya, pelarasan bank, baki akhir wang tunai dalam akaun, senaraian pemiutang dan penghutang (kreditor/debtor), penyata tunai runcit, dan lain-lain lagi.

Peranan dan tanggung jawab beberapa pihak yang berkaitan sesuatu akaun perniagaan untuk membolehkan memasuki fasa pengauditan juga ada dibincangkan. Pembaca didedahkan dengan fungsi-fungsi dan berbagai tanggungjawab setiausaha syarikat, juruaudit bebas, termasuk kaedah-kaedah menghasilkan akaun beraudit termasuk penyata-penyata berkaitan yang disediakan oleh sesebuah firma juruaudit berkenaan.

Penyediaan sesuatu akaun perniagaan perlu diberikan perhatian bukan sahaja untuk diaudit tetapi akaun yang disediakan itu boleh menjadi akaun pra-auditan iaitu akaun pengurusan. Malahan perakaunan pengurusan (management accounting) membantu menyelia dan mengendali penyediaan akaun sesebuah perniagaan. Perakaunan pengurusan yang memberi input kepada pengurusan berupaya memacu hala tuju kemajuan dan meningkatkan prestasi sesebuah syarikat. Akhirnya, menentukan sama ada sesuatu perniagaan itu memperoleh keuntungan atau sebaliknya.

Di dalam buku ini, penulis juga menyediakan ilustrasi-ilustrasi berbentuk jadual-jadual dan gambarajah-gambarajah menunjukkan format-format kerja yang boleh diguna sebagai rujukan bagi memudahkan lagi pemahaman terhadap tajuk-tajuk yang dibincangkan. Di samping itu, terdapat juga contoh-contoh transaksi perniagaan yang dijadikan model untuk membuat latihan secara amali di dalam buku ini. Dibawakan juga penceritaan ringkas yang dapat membuka pencerahan minda para pembaca terhadap kepentingan akaun dalam sesuatu perniagaan.

Walaupun kini terdapat berbagai sistem perisian akaun di pasaran, tidaklah mengurangkan kepentingan seseorang peniaga mahu pun sesebuah perniagaan itu mengendalikan sendiri akaun perniagaan masing-masing (dengan dibantu menggunakan perisian aplikasi yang biasa digunakan seperti Microsoft Office (Excel/Words*)), bagi menyediakan penyata-penyata mahu pun rekod-rekod akaun yang berkaitan. Penyediaan rekod-rekod akaun boleh juga menggunakan buku-buku yang saiznya sesuai untuk menyediakan penyata-penyata mahu pun rekod-rekod akaun perniagaan secara manual.*

Secara ringkas, diterangkan peranan dan fungsi kesetiausahaan dan kejuruauditan syarikat terhadap penyediaan dan penghasilan akaun beraudit sesuatu perniagaan. Diterangkan juga kaedah-kaedah pemprosesan dan pemeliharaan dokumen-dokumen sokongan dalam perakaunan. Proses penyediaan dokumen-dokumen sokongan sesuatu akaun perniagaan yang tepat memberikan angka-angka dan fakta-fakta yang betul terhadap penyediaan sesuatu akaun pengurusan sesebuah perniagaan.

Pembaca juga didedahkan kepada beberapa aspek perundangan, peraturan serta kontrak perniagaan dalam mengendalikan sesuatu perniagaan. Buku ini juga membincangkan secara umum kawalan terhadap kredit serta kaedah-kaedah penghantaran dokumen berkaitan perakaunan dan sebagainya. Dibincangkan juga tentang kawalan terhadap penerimaan hasil bagi menentukan sumber-sumber pendapatan daripada perniagaan dapat dikawal dengan baik.

Penyediaan pelarasan bank memastikan yang wang tunai dalam akaun bank sesebuah perniagaan atau syarikat sentiasa mencukupi. Wang tunai yang tersedia ada itu bolehlah digunakan untuk memenuhi pelbagai komitmen perniagaan dan boleh juga menyelesaikan sebarang tuntutan bayaran dalam masa yang singkat temasuk bayaran-bayaran berkala yang lain. Sehubungan itu, ditunjukkan kaedah-kaedah penyediaan pelarasan bank yang lengkap dan disertai dengan contoh-contoh sebagai latihan.

Yang penting, perolehan dan pemahaman ilmu serta peningkatan kemahiran dan amalan perakaunan itu sendiri kepada seseorang peniaga akan mampu lengkap melengkapi usaha-usaha berkaitan penyediaan dokumen-dokumen sokongan dan pengendalian menyediakan akaun perniagaan masing-masing.

Buku ini juga menerangkan kaitan kerja-kerja akaun yang disediakan berserta auditan yang dihasilkan. Seterusnya, termasuk hubungannya dengan pihak-pihak berkuasa pengawalan dan penguatkuasaan perniagaan serta percukaian dalam negara.

Walau apa pun, matlamat akhir penulisan buku ini adalah untuk menghasilkan keupayaan sebenar pembacanya menyediakan kerja-kerja perakaunan yang piawai yang diterima pakai dalam sesebuah perniagaan yang dijalankan.

Bagi membuka ruang pendedahan secara lebih meluas dalam penyediaan akaun tersebut, kursus-kursus yang berkaitan dengannya akan dianjurkan dari masa ke semasa. Melalui penganjuran kursus-kursus yang relevan sedemikian, diharapkan meningkatkan lagi pemahaman dan kemahiran para pembaca terhadap intisari kandungan buku ini. Kesemua program yang dirangka dalam kursus tersebut diterangkan dalam bahagian "Lampiran—Promo Kursus" pada bahagian akhir buku ini.

Usaha-usaha yang dijalankan ini diharapkan memantapkan lagi sinergi gabungan serta hubungan antara ilmu teori, melalui pembacaan buku; "MENYEDIA AKAUN PERNIAGAAN (D.I.Y.) UNTUK BUKAN PROFESIONAL" *serta latihan pengamalan melalui program;* "KURSUS D.I.Y. MENYEDIA AKAUN SECARA PRAKTIKAL DALAM PERNIAGAAN".

Dengan terbitnya buku ini serta penerbitan buku-buku yang dialih bahasa serta penghasilan ebuku dari teks-teks asalnya, besar harapan penulis agar buku ini dapat menambah koleksi khazanah ilmu pengetahuan yang sedia ada. Serta menambah baik pengamalan akaun dalam sesebuah perniagaan yang diusahakan.

Maka diharapkan akan terlaksanalah hasrat penulis agar para pembaca buku ini dan peserta-peserta kursus berupaya mengamalkan "D.I.Y. Akaun Niaga" (Do It Yourself Business Account) *pada masa kini dan juga pada masa akan datang.*

Sesungguhnya perjalanan yang beribu-ribu batu jauhnya bermula dari satu langkah yang pertama. Semoga langkah-langkah yang dimulai ini dirahmati-NYA serta membasahi penulis dengan keampunan MAHA PENCIPTA dan memperoleh ganjaran pahala dari-NYA di akhirat kelak. Ameen!

BAB 1.0

INTISARI KANDUNGAN BUKU

Buku ini telah ditulis dengan idea asalnya adalah untuk membantu mereka yang memiliki dan mentelaahnya, menyediakan satu akaun yang sempurna dalam perniagaan berdasarkan prosedur piawai seperti mana yang dikehendaki oleh pengamal-pengamal perakaunan terkini. Buku ini diharap mampu menyalurkan maklumat-maklumat, menunjuk cara serta menyelesaikan masalah-masalah berkaitan perakaunan khususnya kepada para peniaga serta mereka yang bukan dari kalangan profesioanal. Diharapkan juga menjadi motivasi bina insan kepada para pembaca termasuk para peserta yang menghadiri kursus berkaitan kelak.

Kita biasa mendengar ramai orang mengatakan yang akaun itu adalah sesuatu yang amat sukar. Apalagi menyediakan akaun sebuah perniagaan itu adalah sesuatu yang lebih merumitkan. Akhirnya, menyebabkan sebahagian besar daripada mereka itu mengabaikan aspek-aspek asas perakaunan dalam perniagaan. Hakikatnya, pengamalan akaun sebenarnya tidaklah sesusah mana pun.

Kata mereka kalau tidak dibuat akaun pun, bisnes tetap berjalan juga. Yang pentingnya; "Duit masyuukk!!!".

Banyak risiko dan masalah yang mungkin timbul ekoran daripada kegagalan mengemaskini dokumen-dokumen asas dalam penyediaan akaun perniagaan. Ketiadaan dokumen-dokumen sokongan berupaya menghalang usaha-usaha mengkompilasi yang berkesan untuk menyedia akaun yangbaik dan menepati tempoh yang telah ditetapkan untuk pengauditan. Amatlah penting diberikan perhatian bahawa tempoh yang terhad diberikan kepada sesebuah perniagaan untuk menghantar penyata akaun yang telah diaudit kepada pihak-pihak berkuasa berkaitan seperti Suruhanjaya Syarikat Malaysia (SSM) bagi keperluan dokumentasi selanjutnya.

Sepanjang penulisan buku ini, olahannya dibuat agar sesuai menjadi rujukan bagi segenap lapisan masyarakat dari pelbagai latar belakang. Tanpa mengira sama ada mereka dari kalangan pelajar sekolah, guru-guru, para pelajar institusi pengajian tinggi atau mahasiswa-mahasiswi universiti termasuk para pensyarah, peniaga-peniaga kecil sederhana (termasuk dari kalangan peniaga-peniaga pasar malam atau pasar tani), ahli-ahli lembaga koperasi serta pengurusan koperasi. Termasuk juga mereka dari kalangan pemilik atau penggiat-penggiat perniagaan pemasaran pelbagai tingkat, anggota-anggota pengurusan dan juga pengusaha-pengusaha industri atau enterprise kecil sederhana (IKS/EKS), pegawai-pegawai dan ahli-ahli penggerak dewan-dewan perniagaan mahu pun ahli-ahli dan pegawai-pegawai persatuan-persatuan, pegawai-pegawai dan ahli-ahli jawatankuasa masjid dan surau, bendahari pertubuhan-pertubuhan atau persatuan-persatuan, organisasi bukan kerajaan dan sebagainya.

Buku ini diharap memberikan juga manfaat kepada mereka dari kalangan yang sentiasa ingin memajukan diri masing-masing secara berterusan khususnya dalam kerjaya masing-masing. Pendekatan yang diutarakan diharapkan tidaklah membebankan pemikiran masing-masing. Penulis percaya pendekatan yang digunakan untuk pengisian ilmu dan menambah kemahiran seperti yang digarapkan terdapat dalam buku ini.

Buku ini sangat baik untuk mereka yang akan menceburi bidang pekerjaan yang berkaitan dengan akaun atau kewangan atau pun mereka yang terlibat dengan pengurusan dan pentadbiran perniagaan. Tambahan pula, buku ini dikira sangat sesuai untuk dijadikan koleksi bahan-bahan bacaan dan dijadikan sebagai salah satu sumber rujukan di mana-mana perpustakaan awam di bandar-bandar atau di kampung-kampung. Mahu pun menjadi sebahagian koleksi buku di perpustakaan-perpustakaan persendirian di rumah di negara ini.

Sekali lagi ditekankan yang penulisan buku ini mengambil pendekatan serta fokus kepada kaedah-kaedah praktikal dalam penyediaan Akaun sesebuah perniagaan. Tidak kiralah sama ada akaun tersebut disedia untuk perakaunan pengurusan atau pun akaun yang akan diaudit kemudiannya. Adalah menjadi harapan juga yang buku ini akan menjadi bahan bacaan yang sangat mesra pembaca dan dapat dimanfaatkan secara menyeluruh dan meluas.

Dengan kata lain, pembaca buku ini tidaklah sampai ke tahap terpaksa membuat rujukan-rujukan susulan yang terlalu ilmiah sifatnya. Katakan sebagai contoh, terdapat buku yang berjudul *"Principle of Accounts"* yang dipamerkan di rak-rak untuk dijual di kedai-kedai buku. Terfikirkah kita sekiranya sebahagian besar mereka yang berada dalam kategori pembaca seperti yang digambarkan di atas tadi cuba membuka helaian-helaian muka surat dan membaca buku tersebut. Mungkin jauh sekali dari kalangan mereka itu ingin membelinya. Dengan judulnya sahaja sudah membuatkan mereka berasa kabur. Apa lagi mencuba-cuba untuk membaca serta menyingkap isi-isi kandungan di dalamnya. Hal ini mungkin menambahkan lagi rasa pening lalat masing-masing. Tambahan pula, dibebani lagi dengan teori-teori perakaunan yang diisikan di dalamnya. Teori-teori yang terdapat di dalam *"Principal of Accounts"* tersebut mungkin tidak terjangkau oleh pemikiran biasa bakal pembaca tersebut. Sebahagian besar daripada mereka itu pastinya merasakan bahawa kegiatan akaun bukanlah sesuatu seperti barangan mainan dalam aktiviti-aktiviti seharian masing-masing.

Setelah mendalami buku ini, pengusaha-pengusaha perniagaan atau mereka yang berkaitan dengannya atau pun mereka yang inginkan perakaunan perniagaan yang sentiasa dikemaskini diharap mampu mengendali dan menyediakan akaun perniagaan masing-masing. Mereka yang sentiasa mengemaskini akaun pastinya tidak menghadapi masalah serta risiko perniagaan yang biasa kita dengar sebelum ini. Keadaan ini diyakini mampu dicapai setelah mereka menghayati dan melaksanakan isi kandungan buku ini.

Tanpa dokumen-dokumen sokongan asas serta rekod-rekod yang tidak dikemaskini untuk kerja-kerja pengauditan kemudiannya; banyak masalah dan risiko yang yang boleh berlaku. Pengabaian ini termasuk di kalangan para peniaga yang sudah bertahun-tahun berniaga tetapi agak malang akaun perniagaan masing-masing masih gagal untuk disediakan. Terdapat juga para peniaga dan pengusaha yang tidak mengetahui dengan baik segala transaksi perniagaan yang dikendalikannya dan hanya bergantung kepada maklumat-maklumat yang disampaikan oleh orang-orang tertentu sahaja.

Kegagalan menyediakan akaun dapat mengundang pelbagai implikasi buruk kepada peniaga dan juga perniagaan yang dijalankan. Kemuncak kegagalan yang dihadapi adalah ketidakupayaan sesebuah perniagaan atau syarikat dalam mematuhi kehendak undang-undang yang dikuatkuasakan oleh pihak-pihak pelaksana undang-undang berkaitan. Di Malaysia, terdapat pelbagai badan penguatkuasaan undang-undang berkaitan antaranya pendaftar syarikat atau perniagaan iaitu Suruhanjaya Syarikat Malaysia (SSM), agensi percukaian seperti Lembaga Hasil Dalam Negeri (LHDN), Suruhanjaya Sekuriti Malaysia (Security Commission of Malaysia), dan sebagainya.

Sebagai contoh, kegagalan mematuhi undang-undang di bawah penguatkuasaan LHDN menyebabkan sesebuah perniagaan itu gagal membuat deklarasi taksiran percukaian kepada pihak kerajaan.

Kegagalan-kegagalan lain mungkin menimbulkan berbagai implikasi negatif kepada pihak syarikat, antaranya; gagal membayar cukai perniagaan bagi sesuatu perniagaan yang tempoh kewangannya telah genap setahun. Kegagalan tersebut memungkinkan sesebuah perniagaan atau syarikat didenda pula atas cukai-cukai yang tertunggak bayarannya dan terlewat pula menyelesaikannya. Ekoran itu, timbul pula masalah-masalah lain yang berantaian akibat daripadanya.

Sekiranya sesebuah perniagaan dijalankan secara perkongsian atau syarikat yang dikongsi secara bersama pemegang-pemegang sahamnya, akaun-akaun yang sentiasa dikemaskini dapat menyediakan maklumat-maklumat yang sentiasa terbuka untuk diakses dan dapat menghindari perselisihan faham sesama mereka pada kemudian hari kelak. Ketika memulai dan menjalankan perniagaan tersebut bersama-sama secara baik dan harmoni, pastinya mereka tidak mahu berselisih faham dan berseteru pula kemudiannya.

Akaun perniagaan yang tidak disediakan dengan betul menyukarkan untuk mengetahui agihan keuntungan kepada pemegang-pemegang saham sesebuah syarikat. Kegagalan seperti di atas menyebabkan gagal juga untuk mengetahui keuntungan sebenar perniagaan tunggal yang sedang dijalankan. Kemungkinan juga menjadi sukar untuk mengetahui keuntungan sebenar perniagaan yang seharusnya diagih kepada ahli-ahli kongsi yang lain bagi sesebuah perniagaan perkongsian tersebut. Selain itu, sukar pula mengukur prestasi syarikat-syarikat yang sedang mengusahakan perniagaan berkenaan.

Di sebalik keuntungan, sesuatu perniagaan mungkin menghadapi kerugian. Kalau untung mahu dikongsi bersama, bagaimana pula kalau perniagaan tersebut mengalami kerugian?

Kegagalan menitikberatkan faktor-faktor akaun, berupaya mendorong kejadian penipuan di kalangan rakan-rakan kongsi perniagaan. Boleh juga terjadi salah laku dan khianat di kalangan pengurusan dan sebagainya. Yang mana faktor ini juga boleh menyumbang kepada kerugian sesuatu perniagaan. Malahan berupaya pula menyebabkan sesuatu perniagaan itu ditutup terus.

Dengan adanya penyediaan akaun, setidak-tidaknya dapat menepati kriteria-kriteria asas pengendalian kewangan yang telah ditetapkan dalam perniagaan. Selain keuntungan dikongsi bersama, tiada sebab pula sebarang kerugian dari perniagaan berkenaan tidak mahu dikongsi bersama. Pembahagian keuntungan berdasarkan kepada pembahagian mengikut peratusan pemilikan perniagaan yang dikongsi itu atau pun peratusan saham syarikat yang dimiliki secara bersama tersebut.

Semua pihak yang terlibat dalam sesuatu perniagaan seharusnya bersedia menerima serta akur kepada setiap keputusan terhasil daripada akaun perniagaan berkenaan, sama ada untung atau rugi. Oleh itu perlu berlapang dada jika sesuatu perniagaan itu gagal berpunca dari faktor-faktor berdasarkan laporan-laporan dari pengamalan dan penyediaan akaun perniagaan yang baik. Dengan penyediaan akaun yang baik, menjadi salah satu ciri tata kelola yang baik dalam pengurusan sesebuah perniagaan mahu pun syarikat.

Dengan mengambil kira sama ada untung atau rugi, penyediaan akaun yang baik membolehkan rakan perkongsian dalam perniagaan atau pemegang-pemegang saham syarikat akan berterusan menjadi sahabat yang akrab. Keadaan sebaliknya mungkin akan berlaku jika tiada sistem perakaunan yang sempurna. Boleh sahaja terjadi situasi di mana di peringkat awalnya bersahabat tetapi di akhirannya berseteru pula.

Kemungkinan nasib yang kurang baik menimpa pengusaha sesuatu perniagaan perkongsian atau syarikat. Sekiranya akaun perniagaan tersebut telah dikendalikan dengan mengikut prosedur maka tidak menghalang mereka berprasangka baik antara satu sama lain. Seterusnya mengekalkan persahabatan masing-masing. Perseteruan serta permusuhan yang mungkin berlaku antara mereka dapat dielak dan mungkin dipadamkan terus.

Akaun perniagaan yang tidak beres berselari mengundang suasana perhubungan perniagaan yang juga tidak beres. Pada senario terburuk, perniagaan yang dijalankan itu mungkin merosot atau sehingga terpaksa ditutup. Natijahnya, kawan akhirnya menjadi lawan dan musuh. Perseteruan sedemikian bermungkinan sampai ke tahap berpatah arang. Pastinya setiap rakan kongsi atau pemegang saham-saham syarikat tidak mahukan situasi sebegini berlaku ke tahap seburuk itu.

Kontrak atau perjanjian dalam berurusniaga juga dibincangkan akan kepentingannya. Contohnya: Kontrak perniagaan antara pembekal dan pembeli, kontrak penyewaan premis perniagaan, dan sebagainya. Setiap juruaudit akan memerlukan dokumen-dokumen sokongan berbentuk sedemikan dalam penyediaan akaun beraudit sesebuah perniagaan

Melalui akaun, sesebuah perniagaan juga boleh mengetahui pendapatan hasil jualan produk atau perkhidmatan yang masih tertangguh dibayar oleh pihak debtor dalam senarai penghutang yang disediakan sama ada dari segi amaun dan tempoh pegangan mereka. Kontranya, akaun beraudit menyenaraikan komponen-komponen kreditor berserta amaun dan tempoh kredit sesebuah perniagaan yang tertangguh bayarannya kepada pemiutang—pemiutang perniagaan atau syarikat-syarikat terbabit.

Pastinya permulaan yang baik untuk sesebuah perniagaan, diharapkan juga diakhiri dengan cara yang baik termasuklah hasrat memperoleh keuntungan sepanjang masa perniagaan dijalankan. Lazimnya, mereka yang menceburi sesuatu perniagaan tidak mahukan perniagaan mereka itu mengalami kerugian. Apa yang dimahukan adalah keuntungan.

Akaun yang teratur, setiap transaksi kewangan dalam operasi sesebuah perniagaan itu dapat direkodkan secara bertulis dan dikendalikan dengan baik. Oleh itu, mana-mana pihak dalam perniagaan boleh sahaja mendapatkan maklumat-maklumat berkaitan dan memantau operasi perniagaan atau syarikat dengan cekap, cepat, telus dan dalam keadaan yang tidak meragukan sama sekali. Keadaan ini akan memberikan keyakinan untuk pihak luar berurus niaga kepada mana-mana pihak yang berkaitan dalam perniagaan tersebut.

Kalaulah kemudiannya sesebuah perniagaan sama ada enterprise atau syarikat terpaksa dibubarkan atau pun mana-mana ahli perkongsian atau pemegang saham menarik diri, prosedur berkaitan dapat dimuktamadkan dengan lancar. Serta dapat diakhiri ikatan tersebut dengan cara yang paling baik serta dalam keadaan yang sangat harmoni.

Adalah perlu diingatkan pemilik sesebuah entiti perniagaan itu tidak semestinya berada di lokasi perniagaan masing-masing pada sepanjang masa. Yang pentingnya sistem yang berkesan yang dibentuk khusus dalam aspek-aspek akaun dan kewangan sesuatu perniagaan yang sentiasa berada di tempat yang sewajarnya mampu menjamin kejayaan sesuatu perniagaan itu.

Contohnya, adalah tidak masuk akal bagi pemilik 7-Eleven di Malaysia ini mahu berada pada setiap rangkaian perniagaan yang sudah beratus-ratus bilangannya. Adalah mustahil juga untuk mereka berada di pelbagai lokasi jaringan kedai perniagaan masing-masing pada kebanyakan masa. Apa lagi untuk mereka berada hanya pada satu-satu masa di'outlet' yang beroperasi itu.

Dengan dokumen-dokumen sokongan yang lengkap melalui sistem perakaunan yang baik, membolehkan para peniaga dan pemegang saham syarikat mengetahui dan memantau aktiviti-aktiviti perniagaan berkenaan secara cepat, tepat dan berkesan. Dalam masa yang sama, sesebuah perniagaan khususnya syarikat-syarikat berhad menepati usaha-usaha ke arah pematuhan terhadap undang-undang perniagaan dalam negara serta antara negara yang telah tersedia termaktub. Mentelahan pula, perniagaan tersebut kelak mampu untuk mengemukakan akaun beraudit mengikut tarikh yang telah ditetapkan oleh pihak berkuasa berkaitan.

Kalaulah akaun tersebut disedia bukan untuk diaudit, setidak-tidaknya akaun berkenaan berfungsi sebagai perakaunan pengurusan. Dengan bantuan sistem aplikasi perakaunan yang biasa terdapat dalam pasaran dalam negara (Contohnya: UBS Software[R] yang dihasilkan oleh

PC Mart Sdn. Bhd. atau MyOB), para peniaga mahu pun sesebuah perniagaan itu pastinya berupaya mendapatkan akaun pra auditan atau akaun pengurusan seperti diterangkan di atas.

Perakaunan pengurusan tersebut diperlukan dalam operasi dan pengurusan sesebuah perniagaan yang dijalankan. Akaun sebegini tidak melalui proses pengauditan oleh pihak juruaudit yang sah.

Sehubungan itu, menjadi harapan penulis agar para peniaga akan dapat mengendalikan perniagaan serta merujuk buku ini untuk perkara-perkara berkaitan dengan penyediaan akaun perniagaan masing-masing.

Melanjutkan kupasan dan perbincangan, definisi istilah-istilah khusus yang berkaitan diadun bersekali secara tidak langsung sepanjang proses penulisan buku ini, bertujuan mengelakkan para pembaca dibebani dengan pemikiran-pemikiran berkaitan hal-hal teori secara mendadak serta sukar. Hal ini akan menjadi penghalang terhadap hasrat utama buku ini ditulis iaitu mengaplikasi perakaunan dalam sesuatu perniagaan yang dijalankan itu. Tidak kiralah sama ada perniagaan itu dijalankan secara kecil-kecilan mahupun dalam berskala sederhana. Semoga matlamat akhir penulisan buku ini iaitu untuk melaksanakan *"D.I.Y. Akaun Niaga"* akan tercapai.

Bagi syarikat-syarikat besar dan korporat multi nasional, mereka pastinya mempunyai jabatan akaun dan kewangan masing-masing. Malahan ada di antara mereka yang melantik dan menempatkan ahli-ahli akaun profesional yang bertauliah untuk mengendalikan kewangan dan mengepalai operasi perniagaan syarikat masing-masing. Adalah biasa bagi entiti-entiti korporat ini yang ketua pegawai eksekutif (CEO) terdiri daripada kalangan akauntan-akauntan bertauliah (chartered accountants).

Kepada syarikat-syarikat bersenaraian awam dalam negara ini dan juga luar negara, adalah menjadi kemestian untuk mereka menyediakan akaun beraudit syarikat masing-masing.

Di Malaysia, kegagalan menyediakan akaun beraudit bagi syarikat-syarikat bersenaraian awam menyebabkan Suruhanjaya Sekuriti mengenakan kompaun atau membuat dakwaan undang-undang terhadap syarikat-syarikat berkenaan. Hatta sehinggakan pendakwaan tersebut menyebabkan pihak yang didakwa dikenakan denda di mahkamah.

Beberapa aspek perundangan dalam perniagaan juga dibincangkan, khususnya yang bersangkut paut dengan perakaunan. Rekod-rekod akaun yang bersistematik berserta dokumen-dokumen sokongan yang lengkap memudahkan seseorang peniaga atau sesebuah entiti perniagaan itu menghadapi risiko-risiko berkaitan undang-undang dalam mengendalikan operasi perniagaan masing-masing. Antara risiko yang mungkin dihadapi termasuk hasrat pemiutang mengambil tindakan undang-undang terhadap penghutang.

Kata orang-orang alim, belajar tanpa berguru dengan mereka yang tinggi ilmu dan jernih pemahaman syarienya boleh sahaja menyeleweng bahkan menyesatkan. Sementara itu, mementelaah buku bagi mendapatkan pengetahuan dan belajar untuk mempraktikkan ilmu pengetahuan darinya tanpa menerima bimbingan sama ada secara teori mahupun amali, boleh sahaja menjurus kepada kesilapan dan kekeliruan. Yang akhirnya kerja-kerja yang dilakukan boleh sahaja menjadi caca marba.

Kesempatan berharga sebegini yang ditawarkan oleh penulis kepada para pembaca seharusnya tidak dipinggirkan begitu sahaja. Demi meningkatkan lagi kefahaman teori serta kemahiran praktikal para pembaca, penulis menggalakkan agar para pembaca meneruskan penerokaan ilmu yang disediakan dan seterusnya menghadiri program-program kursus yang sememangnya berkaitan dengan buku ini yang akan dianjurkan dari masa ke semasa.

Dengan kata lain, penulis mengwar-warkan tawaran dan pilihan terbaik untuk para pembaca melengkapkan usaha-usaha meneroka ilmu berkaitan akaun serta mempraktikkan amalan-amalan penyedian akaun yang lengkap dalam perniagaan.

Bagi menyediakan ruangan tersebut, penulis dengan kerjasama Alam Genius Resources menawarkan kursus-kursus yang berkaitan dengan isi kandungan buku ini. Pada helaian-helaian akhir buku ini dalam bahagian *"Promo Kursus"*, disertakan butiran-butiran berkaitan untuk dijadikan sebagai rujukan dan panduan kepada mereka yang berminat. "Borang Penyertaan Kursus" disediakan untuk bakal peserta mengesahkan penyertaan masing-masing.

Kursus tersebut membincangkan pelbagai isu yang berkaitan dengan tajuk, topik dan isi kandungan yang terdapat dalam buku ini. Semoga dengan menyertai kursus sedemikian, diharap dapat meningkatkan lagi pengetahuan para peserta dalam menyediakan akaun bagi sesebuah perniagaan yang sedang dan akan dikendalikan itu dengan sebaik-baiknya.

Malahan program seperti ini akan membolehkan para peserta membentuk satu rangkaian jaringan peribadi yang lebih besar. Di samping itu, dengan mengenali peserta-

peserta kursus yang lain dapatlah dibentuk jaringan perniagaan dari kalangan peserta-peserta kursus tersebut.

Program-program susulan boleh dirangka dan dijalankan dari masa ke semasa bagi maksud melebar luaskan lagi jaringan para peniaga serta perniagaan masing-masing pada masa-masa yang akan datang. Melanjutkan perbincangan, penulis memaparkan di sini beberapa cerita untuk renungan kita bersama.

1.1 Adaptasi Cerita Ketiadaan Amalan Akaun Yang Betul Dalam Perniagaan
(yang mana mungkin pembaca telah atau akan mengalami sendiri)

Petikan cerita di bawah sekadar usaha pencerahan minda para pembaca semata-mata. Tiada individu atau pihak tertentu yang ditujukan khusus berkaitan penceritaan ini. Jauh sekali dari mempersenda dan merendah-rendahkan kemampuan sesiapa. Namun pengajaran darinya sangatlah berkaitan dengan apa yang penulis ingin sampaikan di dalam buku ini.

Fokus utama penceritaan ini adalah meletakkan keutamaan akan pentingnya akaun. Serta tidak mengambil ringan sedikit pun terhadap sebarang amalan perakaunan dalam sesuatu perniagaan. Satu hakikat dan fakta yang terpaksa diterima bahawa tiada atau jarang sekali ditemui ubat yang manis dan lazat untuk mengubati dan menyembuhkan sesuatu penyakit. Namun sesuatu yang pahit itulah biasanya menjadi ubat yang sangat mujarab untuk mengurangkan dan menyembuhkan sesuatu penyakit itu.

Dalam hal ini, sekiranya kita sentiasa terikat dengan amalan perniagaan yang kurang betul bermakna kita enggan memperbaiki diri kita dan perniagaan yang kita jalankan. Jika begitulah amalan kebiasaannya maka kita seharusnya menyedari yang kita perlu membuat anjakan paradigma dalam amalan-amalan rutin dalam perniagaan yang telah, sedang dan akan dijalankan. Termasuklah berusaha membaiki setiap proses dalam penyeliaan dan penyediaan akaun perniagaan sehari-harian.

Petikan cerita-cerita ringkas di bawah menggambarkan beberapa senario sebenar yang berlaku dalam perniagaan pada masa ini. Keadaan ini berlaku akibat kegagalan seseorang peniaga mahupun sesebuah perniagaan itu mengamalkan prosedur-prosedur akaun yang betul dalam perniagaan masing-masing. Namun begitu, situasi-situasi yang digambarkan di bawah tidaklah menghalang sesiapa pun untuk menceburi bidang perniagaan malahan tidak pula menidakkan keupayaan seseorang peniaga mahu pun sesebuah perniagaan itu menjana dan memutar wang dari bidang usaha dan perniagaan yang dijalankan oleh mereka.

Tidak sedikit bilangan peniaga dan perniagaan yang masih beroperasi kini yang masih mengabaikan amalan-amalan dan kaedah-kaedah penyediaan akaun yang betul. Namun mereka masih mampu bertahan malahan berterusan mendapatkan wang daripada berbagai aktiviti perniagaan masing-masing. Keadaan sebegini akan berterusan seadanya seandainya tiada sebarang usaha menggarapi dan berusaha mengatasi keadaan ini.

Kalaulah para peniaga menyedari risiko wujudnya situasi-situasi sebegini, wang yang banyak itu pun mungkin dirasakan seperti bayang-bayang yang sentiasa mengejar diri masing-masing. Ketidak selesaan akan sentiasa menghantui diri. Sebabnya mereka sendiri telah mengabaikan fungsi perakaunan yang betul yang sangat penting dalam perniagaan masing-masing. Pastinya mereka sendiri boleh menghakimi dan mengetahui ketidak beresan yang mereka sendiri lakukan.

Jadinya, tanpa melaksanakan kaedah-kaedah perakaunan yang baik dalam dunia perniagaan yang sangat mencabar masa kini, akhirnya berpotensi pula mengundang berbagai risiko dalam perniagaan. Dengan sedikit kealpaan, tanpa mereka sedari boleh sahaja terbitnya pelbagai implikasi negatif yang melanda sesuatu perniagaan yang diusahakan itu dalam sekelip mata sahaja. Tentunya situasi sebegini menggusarkan sekiranya ini terjadi terhadap perniagaan kita. Usaha-usaha yang dicurahkan sekian lama akhirnya berkubur begitu sahaja disebabkan kurangnya keprihatinan terhadap isu-isu dan aspek-aspek perakaunan seperti mana yang dibincangkan dalam buku ini.

Situasi-situasi yang digambarkan di bawah boleh sahaja menjadi bahan untuk renungan bersama, seperti pepatah-pepatah Melayu yang mengatakan;

> *"Beringat sebelum terkena', 'Nasi sudah menjadi bubur' dan 'Sesal dahulu berpendapatan, sesal kemudian tidak berguna'.*

Terdapat beberapa perumpamaan lain yang membawa maksud serta natijah sama tetapi tidak serupa pula ungkapannya.

Situasi 1:
Resit terimaan bayaran atau Baucer bayaran atau resit tempahan makanan

Anda menjamu selera di sebuah kedai makan bersama-sama dengan rakan-rakan pelanggan dan kemudian ke kaunter bayaran untuk menjelaskan bayaran harga makanan tersebut. Kemudiannya, meminta resit bayaran dikeluarkan.

Seperti mana kebiasaannya, pastinya dijangkakan yang resit tanda bayaran diberikan sebagai bukti yang harga makanan yang dikenakan itu telah dijelaskan bayarannya. Resit-resityang diperoleh itu kemudiannya bolehlah digunakan pula sebagai dokumen sokongan untuk membuat tuntutan perbelanjaan tugasan rasmi.

Bagi pekedai runcit mahupun pengusaha-pengusaha restoran sama ada menggunakan mesin tunai atau pun tidak, tidaklah sesukar mana untuk mendapatkan resit-resit bayaran mengikut format piawai yang biasa dijual di pasaran. Resit-resit tersebut terdapat dijual di pasar mini-pasar mini, di kedai-kedai alat tulis, dan sebagainya. Resit-resit tersebut boleh juga direka dan dicetak sendiri dengan menggunakan komputer.

Tetapi telah berlaku sedikit kelainan apabila selepas menjelaskan bayaran, bukannya resit bayaran yang diterima tetapi baucer bayaran pula yang dikeluarkan pemilik kedai berkenaan.

Perkara ini kelihatannya agak remeh dan bukanlah suatu isu yang perlu dibesarkan. Mungkin hal ini akan berlaku di kaunter-kaunter bayaran yang tidak menggunakan mesin daftar tunai sahaja. Cuma mesej yang hendak disampaikan penulis dari cerita ini adalah menunjukkan situasi yang mana kegagalan pihak peniaga serta perniagaan berkenaan mengamalkan prosedur akaun yang sewajarnya dalam perniagaan yang dijalankan itu.

Keadaan ini juga menunjukkan terdapatnya banyak ruang untuk peniaga serta bakal-bakal usahawan memperbaiki lagi pengetahuan dan kemahiran asas masing-masing dalam proses penyediaan akaunserta berusaha membaiki lagi prosedur penerimaan wang di kaunter-kaunter perniagaan.

Kita mestilah memahami resit-resit bayaran adalah sebahagian daripada dokumen sokongan dalam penyediaan akaun dan kerja-kerja pengauditan.Tuntutan perbelanjaan tersebut tidak mungkin dapat dilakukan dengan menggunakan baucer bayaran yang dikeluarkan oleh pihak penjual. Anda sepatutnya mengemukakan resit bayaran yang dikeluarkan oleh pihak kedai makan tersebut sebagai dokumen sokongan bagi tuntutan perbelanjaan di tempat kerja.

Sebagaimana lazimnya, tuntutan berkenaan diletakkan di bawah belanja keraian dalam kos operasi sesebuah perniagaan atau syarikat. Tanpa disedari, kegagalan mematuhi prosedur akaun yang sewajarnyaseperti yang digambarkan di atas telah memutuskan rantaian kerja-kerja perakaunan yang betul yang seharusnya dipraktikkan dalam mana-mana perniagaan.

Situasi 2:
Transaksi Tanpa Kertas

Perlu diingatkan bahawa rekod-rekod akaun mestilah berasaskan dokumen salinan keras, tidak mungkin diganti dengan lain-lain kaedah tanpa kertas apa lagi melalui sistem pesanan ringkas (sms) semata-mata yang hanya dalam bentuk paparan skrin.

Sehubungan itu, sms hanyalah sekadar satu kaedah agar kita dapat menyegerakan penyampaian sesuatu maklumat. Atau pun memberikan peringatan ulangan terhadap sebarang maklumat penting yang perlu disampaikan segera yang paling ringkas dan cepat kepada penerimanya. Tambahan pula, dengan penggunaan sistem sms yang terdapat dalam pasaran, mesej-mesej yang dihantar itu boleh sahaja dihantar dalam kuantiti yang banyak secara pukal.

Penggunaan sms untuk menggantikan rekod-rekod tidak boleh dijadikan bukti dalam penyediaan akaun. Situasi tersebut boleh menyusahkan diri dalam menyediakan rekod untuk sesuatu akaun itu diaudit. Contohnya; pembeli hendaklah mengelakkan menghantar pesanan belian dengan hanya menghantar mesej-mesej sms. Yang pastinya tidak mengikut format seperti mana yang dikeluarkan melalui borang-borang pesanan belian yang biasa. Berdasarkan kaedah perakaunan, pesanan hendaklah dibuat dengan menggunakan dokumen sokongan yang rasmi iaitu pesanan belian untuk mudah dikompilasi dan difailkan kemudian.

Ingatlah, bahawa tiada istilah dunia perniagaan tanpa kertas di sini!

Situasi akan menjadi lebih buruk sekiranya perniagaan yang dijalankan itu gagal menyediakan pelbagai lagi dokumen sokongan lain yang diperlukan seperti invois, baucer bayaran, resit bayaran, dan sebagainya. Dokumen-dokumen berkenaan disediakan tetapi secara sambil lewa sahaja dan tidak sepenuhnya serta tidak pula dikompilasikan dengan baik.Tambahan pula, dokumen-dokumen yang sepatutnya disimpan telah hilang entah ke mana.

Persoalannya:

Mampukah akaun perniagaan tersebut disediakan jika begitu keadaan perniagaan yang dikendalikan? Tanpa akaun, bagaimana pula mahu menerbitkan penyata akaun yang diaudit bagi perniagaan tersebut.

Situasi 3:
Rakan Kongsi Tidak Amanah

Siapakah yang harus disalahkan sekiranya wang sewaan premis perniagaan tidak dijelaskan oleh rakan kongsi kepada pemilik premis?

Sekiranya sewaan tersebut hanya melibatkan dua bulan itu mungkin terlepas pandangan biasa. Bagaimana sekiranya wang sewaan premis diserahkan kepada rakan kongsi tetapi rakan kongsi tersebut tidak menyerahkan wang sewaan tersebut kepada tuan punya premis untuk tempoh yang agak lama.

Kekadang ada rakan kongsi tidak bertanggungjawab, serahan wang sewaan tidak dilakukan kepada yang berhak sebaliknya telah disonglap. Menjadi lebih pelik apabila tuan punya premis tidak pula 'menyerang' SiPenyewa di premis perniagaan yang dikendalikan oleh mereka.

Situasi ini secara jelas menunjukkan yang perniagaan tersebut telah tidak menyedia rekod-rekod akaun perniagaan dengan sewajarnya. Akhirnya, penyewa terpaksa pula angkat kaki atau dikejar tuan punya kedai agar menyelesaikan tunggakan sewa berkenaan. Atau penyewa terpaksa mencari tempat lain untuk meneruskan perniagaan.

Berdasarkan senario di atas, langkah-langkah berikut perlu dipatuhi bagi menepati keperluan perakaunan dalam perniagaan;

Pertama:

Seharusnya ada perjanjian sewaan premis di mana perniagaan tersebut dijalankan,

<u>Kedua:</u>

Setiap bayaran yang dikeluarkan hendaklah disediakan baucer bayaran,

<u>Ketiga:</u>

Resit-resit tanda penerimaan bayaran hendaklah dikeluarkan oleh tuan punya premis.

Tidak mengapa sekiranya SiPenyewa tidak diberikan resit-resit terimaan bayaran tersebut (tetapi adalah lebih baik jika resit-resit dikeluarkan oleh tuan punya premis).

Sebabnya, dengan adanya slip deposit bank kemasukan wang bayaran sewa yang dibayar kepada tuan punya premis sebagai bukti yang bayaran sewaan tersebut telah dijelaskan pun sudah memadai.

Kemudian difailkan kesemua dokumen-dokumen sokongan tersebut secara teratur. Sediakan fail untuk menyimpan surat-surat perjanjian. Di samping itu, sediakan juga fail-fail untuk setiap baucer bayaran dan juga rekod-rekod bayaran termasuk slip deposit atau bank-in tersebut.

(Format pemfailan dan pelabelan untuk rekod-rekod berkenaan dibincangkan dalam Bab 6)

<u>Situasi 4:</u>
Perniagaan Gagal Melaksana Amalan Perakaunan Secara Berkesan dan Gagal Membayar Cukai

Tidak menjadi sesuatu yang memeranjatkan sekiranya terdapat sesebuah perniagaan itu langsung tidak mengisytiharkan taksiran cukai perniagaan bertahun-tahun lamanya. Tidak menghairankan juga yang sesuatu perniagaan itu tiada rekod-rekod dokumen sokongan terhadap transaksi-transaksi perniagaan yang dijalankan. Kesan langsung daripada ini, rekod-rekod tersebut tidak dapat difailkan dengan cara yang teratur dan sempurna. Kalaulah dokumen-dokumen sokongan pun tidak disediakan, apa lagi untuk mengharapkan adanya fail-fail merekodkan dokumen-dokumen sokongan berkaitan.

Dalam keadaan sebegini, persoalannya; Mampukah dilakukan penyediaan penyata akaun yang diaudit kemudiannya? Berdasarkan prosedur standard perakaunan, jawapan bagi persoalan di atas adalah tidak boleh.

Sekiranya boleh pun tentulah akaun beraudit tersebut lambat untuk disiapkan. Maka berkeringatlah mereka yang terlibat dalam penyediaan akaun tersebut melengkapkan segala prosedur pengauditan apabila dikemukakan oleh juruaudit berkenaan kelak. Yang pastinya yuran audit yang lebih mahal akan dituntut oleh pihak juruaudit tersebut dan terpaksalah pihak syarikat membayarnya bagi mendapatkan akaun beraudit berkenaan. Perlu diberi perhatian bahawa juruaudit bukanlah pihak yang terlibat secara langsung dalam penyediaan sesuatu akaun perniagaan. Fungsi dan tugas mereka adalah mengaudit rekod-rekod akaun dan menyediakan penyata akaun beraudit sesebuah perniagaan itu.

Berbagai implikasi negatif boleh berlaku jika sesuatu perniagaan itu beroperasi tanpa mengikut prosedur kewangan yang betul. Bagi pihak kerajaan melalui pemungut cukainya, LHDN bertanggungjawab menentukan komitmen seseorang peniaga atau sesebuah perniagaan untuk membayar cukai perniagaan yang ditaksirkan. Sebabnya, mereka berperanan agar setiap pembayar cukai melunaskan cukai-cukai yang dikenakan demi membantu pembangunan ekonomi negara. Sebaliknya, kegagalan melaksanakan tugasan berkenaan membantutkan usaha-usaha tersebut.

Bagi pihak LHDN, mereka boleh sahaja 'berkampung' di lokasi-lokasi perniagaan agar dapat menganggarkan pendapatan hasil serta kos perbelanjaan jualan sesebuah perniagaan bagi tempoh tertentu. Seterusnya mengkomputerasi taksiran cukai perniagaan yang seharusnya dibayar oleh pihak perniagaan berkenaan. Cukai yang tertunggak mungkin melibatkan bilangan tahun yang banyak serta amaun taksiran yang tinggi. Perniagaan tersebut mungkin ditaksir dan dikenakan cukai semenjak dari tahun pertama lagi perniagaan tersebut memulakan operasi mereka.

Seandainya situasi sebegini berlaku, janganlah menyalahkan pegawai-pegawai dan petugas-petugas LHDN tersebut, sekiranya sesuatu perniagaan itu terpaksa menaikkan harga jualan barangan semata-mata untuk menampung kos akibat cukai tertunggak yang terpaksa dilunaskan. Atau pihak peniaga serta perniagaan tersebut mengurangkan margin keuntungan yang seharusnya diperoleh bagi beberapa tahun berikutnya setelah berbincang dengan pihak LHDN agar cukai-cukai yang tertunggak itu dapat dijelaskan secara ansuran.

Mungkin juga akhirnya peniaga dan entiti perniagaan berkenaan diseret ke mahkamah untuk dihadapkan dengan pertuduhan-pertuduhan yang tidak terfikir sebelumnya.

Dalam hal ini, sekiranya masalah tersebut seperti sengaja mahu ditempah maka mungkin ketika itu baru merasakan tinggi rendahnya langit ini.

Situasi 5:
Rakan Kongsi Yang Terlalu Berani

Dalam dunia perniagaan, sifat berburuk sangka pada tahap tertentu adalah perlu. Berbagai kemungkinan boleh berlaku sekiranya terdapat lompang-lompang yang mendorong salah tadbir pengurusan atau penyelewengan rakan kongsi. Ketirisan yang berlaku memungkinkan perniagaan mengalami kerugian. Tetapi sekiranya berterusan, situasi tersebut boleh memudaratkan perniagaan yang dijalankan. Yang mana mungkin akhirnya perniagaan tersebut terpaksa pula dihentikan operasinya.

Mungkin sukar mempercayai boleh berlaku keadaan yang mana rakan kongsi mengemukakan slip deposit yang telah direka dan dicetak sendiri bagi tujuan yang tidak baik. Wang bayaran pelanggan diarah dimasukkan ke akaun peribadi. Kemudian dikatakan pula wang yang telah dibayar pelanggan itu telah dimasukkan ke akaun bank perniagaan syarikat.Lalu diberikan sesalinan slip deposit bank atas talian menunjukkan yang pengkreditan telah pun dilakukan. Kononnya sebagai bukti pelanggan tersebut telah membuat pindahan atas talian wang mereka ke akaun syarikat. Maka itulah yang telah 'diterima' oleh pihak syarikat dan dilaporkan kepada rakan kongsi perniagaan yang satu lagi.

Kebenaran walau pun dimanipulasi pada awalnya, namun diakhirannya ia tetap terjelma juga. Kemudiannya diketahui yang cetakan tersebut adalah palsu.

Perlu diingatkan bahawa atas apa alasan pun, cara tersebut tidaklah sewajarnya dilakukan. Rakan kongsi mungkin mempercayai rakannya seratus peratus. Tetapi awaslah, situasi sedemikian sebenarnya menjurus kepada perlakuan jenayah. Yang mana ianya boleh disabitkan dengan pertuduhan-pertuduhan mengemukakan dokumen-dokumen palsu yang dikeluarkan oleh pihak bank. Tindakan memalsukan dokumen bank dikategorikan sebagai kesalahan berat. Sekiranya sabit kesalahan, hukuman yang boleh dijatuhkan sama ada didenda atau dipenjara atau kedua-duanya sekali.

Situasi sebegini mungkin berlaku dalam kes-kes terpencil sahaja. Tetapi di sebalik cerita ini, moralnya adalah bagaimana akaun sesuatu syarikat itu dikendalikan dan dipantau. Akaun perniagaan yang diselia dengan baik termasuk dibawa ke proses pengauditan, dapat mengesan salah laku sebegini dengan cepat. Serta berupaya menghindari penyelewengan dan mengelakkan timbulnya berbagai implikasi negatif lain.

BAB 2.0

AKAUN BERAUDIT,

KESETIAUSAHAAN SYARIKAT

& KEJURUAUDITAN

Tidak seperti syarikat-syarikat sendirian berhad atau syarikat-syarikat berhad, pemilik-pemilik perniagaan enterprise tidak dikenakan syarat mengaudit akaun perniagaan masing-masing. Namun begitu, buku ini menekankan keupayaan sesebuah perniagaan itu termasuk perniagaan enterprise sama ada entiti perniagaan pemilikan tunggal atau perniagaan perkongsian untuk mengemaskini dokumen-dokumen sokongan bagi menyediakan akaun yang baik bagi perniagaan masing-masing.

2.1 Akaun Beraudit

Setiap penyata akaun beraudit akan memasukkan antara lain penyata untung rugi, kunci kira-kira, dan komponen-komponen lain yang dibincangkan secara terperinci dalam Bab 4 buku ini. Penyata-penyata yang telah siap perlu dihantar ke SSM setelah disahkan oleh pihak juruaudit yang telah dilantik oleh pihak syarikat. Juruaudit yang telah dilantik itu semestinya mempunyai lesen. Mereka adalah pihak yang berkelayakan menyediakan akaun beraudit serta menentukan penyediaan akaun tersebut hendaklah berlandaskan prosedur-prosedur yang telah ditetapkan.

Sebab itulah sebarang pertukaran perlantikan juruaudit oleh sesebuah syarikat perlu disertakan dengan sijil perlepasan di kalangan mereka. Ini bermaksud seseorang juruaudit baru yang dilantik oleh pihak syarikat perlulah mendapatkan sijil perlepasan daripada juruaudit sebelumnya yang menyediakan akaun beraudit tersebut. Sijil perlepasan ini membuktikan antara lain pihak syarikat yang telah diaudit akaunnya itu telah menyelesaikan kesemua yuran yang seharusnya telah dibayar kepada pengaudit oleh syarikat untuk kerja-kerja pengauditan tersebut. Dalam masa yang sama, sijil perlepasan memastikan juruaudit yang melakukan kerja-kerja audit sebelumnya telah menjalankan tugasan mereka dengan sempurna berdasarkan prosedur-prosedur yang telah ditetapkan. Hal ini berakna, mereka bertanggungjawab dari segi undang-undang dan profesionalisma perakaunan demi memelihara integriti pengauditan masing-masing.

Akaun yang telah diaudit oleh juruaudit berlesen dikenali sebagai <u>Penyata Kewangan Beraudit</u> atau <u>Penyata dan Laporan Kewangan</u> atau laporan-laporan atau penyata-penyata lain dengan menggunakan nama-nama yang bermaksud seumpama dengannya. Akaun beraudit melaporkan kerja-kerja pengauditan bagi tempoh tahun kewangan yang bermula dan berakhir pada satu-satu tarikh yang ditetapkan dan menepati tempoh satu-satu tahun kewangan fiskal perniagaan tersebut.

Bukanlah satu kemestian yang tahun kewangan bagi sesuatu akaun beraudit berakhir pada 31 Disember (dimulai pada 1 Januari). Terdapat juga tempoh sesuatu tahun kewangan itu berakhir pada 30 Jun pada setiap tahun, atau tarikh-tarikh lain yang difikirkan sesuai oleh pemilik perniagaan berkenaan. Sesuatu tahun kewangan itu mestilah ke atas akaun diaudit yang genap tempoh satu tahun kewangan fiskal sesebuah perniagaan iaitu selama 12 bulan.

Diterangkan juga akan komponen-komponen berkaitan laporan yang disediakan oleh seseorang juruaudit dalam akaun beraudit yang disediakan itu. Antara lainnya, komponen-komponen tersebut termasuklah penyata laporan dari pengarah-pengarah syarikat berkenaan. Laporan tersebut tidak lengkap dan tidak mengikut prosedur sekiranya tidak dihantar untuk direkod dan didokumenkan di Suruhanjaya Syarikat Malaysia (SSM).

Di samping itu, sesuatu 'Annual Return' itu hendaklah dihantar bersekali dengan akaun beraudit syarikat berkenaan ke SSM. Urusan berkaitan penghantaran dokumen-dokumen berkenaan ke SSM adalah di bawah tanggung jawab setiausaha syarikat.

Akaun beraudit sesebuah syarikat itu tidak dibenar disediakan oleh orang dalaman sesebuah syarikat atau sesiapa sahaja yang sedang berkerja atau seseorang yang masih di bawah 'payroll' syarikat yang akaunnya diaudit.

Sesuatu akaun beraudit hendaklah disediakan oleh pihak juruaudit yang bebas. Juruaudit bebas bermaksud setiap orang dari mereka tidak mempunyai sebarang kepentingan dalam syarikat yang akaunnya diaudit. Jika sebaliknya, boleh berlaku konflik kepentingan antara kedua-duanya sama ada oleh syarikat mahu pun juruaudit tersebut.

Dalam usaha menyediakan akaun beraudit, juruaudit adalah dituntut menentukan akaun yang diaudit itu mematuhi setiap kaedah-kaedah piawai pengauditan. Menjadi syarat dalam setiap akaun beraudit yang disediakan oleh pihak juruaudit terdapat perakuan yang bertajuk seperti berikut; "<u>Laporan Juruaudit Bebas Yang Dikeluarkan Kepada Ahli-ahli Syarikat</u>". Dalam laporan yang dimaksudkan, terdapat di dalamnya klausa-klausa yang perlu dipatuhi yang menghubung kaitkan peraturan-peraturan dan undang-undang yang ditetapkan untuk kerja-kerja pengauditan akaun sesebuah syarikat seperti mana yang digariskan dalam "Private Entity Reporting Standards for Private Limited Companies and the Companies Act 1965".

Di bawah ini diperturunkan klausa khusus yang perlu dinyatakan dalam penyata akaun beraudit itu, antara lainnya adalah seperti berikut; "Bahawasanya pihak kami berpendapat yang penyata kewangan ini dan rekod-rekod lain berkaitan dengannya telah disedia dan dikendalikan berdasarkan kerangka garis panduan penyediaan penyata kewangan piawai dan mematuhi peruntukan-peruntukan Akta yang berkaitan dengannya".

Bagi sesebuah syarikat yang tergolong sebagai perniagaan kecil, adalah biasa kompilasi sesebuah penyata akaun beraudit terdiri dari sebuah buku yang mengandungi 20 ke 30 helaian muka surat sahaja.

2.2 Kesetiausahaan Syarikat

Berdasarkan Seksyen 139 Akta Syarikat 1965, sesebuah syarikat sendirian berhad atau syarikat berhad diwajibkan melantik sekurang-kurangnya seorang setiausaha syarikat. Setiausaha syarikat adalah seseorang (natural person) yang telah cukup umur yang berdaftar dan menjadi ahli sesebuah badan professional (yang mana badan-badan ini telah diluluskan oleh Menteri yang bertanggungjawab terhadap Kementerian Perdagangan Dalam Negeri, Koperasi dan Kepenggunaan), atau juruaudit yang dilesenkan oleh SSM.

Syarat-syarat lain kesetiausahaan syarikat; mereka itu mestilah yang menetap dalam negara dan prinsipalnya mempunyai pejabat yang beroperasi di Malaysia. Juruaudit syarikat dilantik oleh lembaga pengarah sesebuah syarikat. Pengenalan (rekod) seseorang juruaudit syarikat boleh dilihat dalam Borang 49 SSM bagi sesuatu syarikat.

Sesebuah syarikat berhad penyenaraian awam biasanya mempunyai jabatan kesetiausahaan dalaman yang diketuai oleh setiausaha syarikat mereka sendiri. Mereka itu dilantik bagi mengendalikan perkara-perkara berkaitan perundangan serta hal-hal berkaitan kesetiausahaan korporat syarikat berkenaan.

Setiausaha syarikat atau sesebuah firma kesetiausahaan adalah bertanggungjawab menasihati ahli-ahli atau lembaga pengarah syarikat berkaitan dengan prosedur-prosedur yang ditetapkan dalam Akta Syarikat 1965.Serta keperluan syarikat mematuhi undang-undang khusus yang berkaitan dengan kesetiausahaan syarikat.Mereka ini berperanan penting dalam pengurusan sesebuah syarikat, dan berfungsi sebagai salah seorang pegawai dalam syarikat berhad (sendirian atau awam) berkenaan.

Setiausaha syarikat bertanggungjawab menghantar 'Annual Return' ke SSM dalam tempoh tidak lewat 30 hari daripada tarikh mesyuarat agung tahunan (Annual General Meeting) syarikat.

2.3 Kejuruauditan

Kejuruauditan adalah menjadi syarat dan keperluan undang-undang Malaysia bahawa setiap entiti perniagaan yang diperbadankan di bawah Seksyen 174 (1) Akta Syarikat 1965, setiap syarikat berhad samada berhad atau sendirian berhad hendaklah menyediakan penyata akaunkepada pemegang-pemegang saham (ahli-ahli) bagi setiap tahun kewangan sesebuah syarikat (tidak terkecuali samada sesebuah syarikat itu bersaiz kecil atau besar). Seterusnya Lembaga Pengarah (Board of Directors) hendaklah melantik juruaudit yang berkelayakan untuk mengaudit akaun perniagaan masing-masing. Selanjutnya membentangkan akaun yang telah diaudit itu dalam Mesyuarat Agung Tahunan syarikat masing-masing.

Seseorang juruaudit bertauliah diberikan lesen yang boleh diperbaharui bagi setiap dua tahun oleh Kementerian Kewangan. Untuk layak mendapat lesen tersebut, seseorang juruaudit itu mestilah terlebih dahulu telah menjadi ahli kepada Institut Perakaunan Malaysia (Malaysian Institute of Accountants (MIA)). MIA telah menetapkan kriteria-kriteria tertentu untuk seseorang itu layak menganggotainya. Antara lainnya, menetapkan yang seseorang juruaudit syarikat mestilah memiliki kelulusan akademik atau profesional berkaitan dan berpengalaman pekerjaan yang relevan dengan bidang profesional tersebut.

Walaupun begitu, juruaudit bagi sesebuah syarikat awam berhad, dan kesemua entiti-entiti perniagaan yang terletak di bawah bidang kuasa Akta Bank dan Institusi Kewangan (Bank and Financial Institutions Act (BAFIA)) seperti bank-bank dan institusi-institusi kewangan serta syarikat-syarikat insuran atau takaful adalah tertakluk kepada peraturan-peraturan khusus yang ditetapkan oleh pihak Suruhanjaya Sekuriti.

Institusi-institusi ini mestilah berdaftar dan seterusnya dipantau oleh 'Audit Oversight Board' di bawah bidang kuasa Suruhanjaya Sekuriti. Dengan adanya kuasa penguatkuasaan, laporan-laporan kewangan beraudit syarikat-syarikat bersenaraian awam dapat dipertahankan kualiti dan kewibawaannya.

Biasanya seseorang juruaudit atau firma juruaudit yang dilantik ditugaskan juga untuk melaksanakan kerja-kerja sebagai agen percukaian yang sah dengan pihak LHDN. Mereka perlu mengisi borang-borang C, R dan CP 204 dan lain-lain borang berkaitan bagi pihak syarikat yang mereka wakilkan. Serta melengkapkan pengisytiharan cukai pendapatan perniagaan syarikat-syarikat yang juruaudit tersebut auditkan. Seterusnya menghantar kepada pihak LHDN untuk kemudiannya dikenakan cukai di atas keuntungan perniagaan syarikat berkenaan (sekiranya ada). Borang C dan Borang R termasuk CP 204 berkenaan hendaklah dihantar ke LHDN mengikut tempoh seperti mana yang ditetapkan oleh peraturan-peraturan yang telah sedia ada.

Sementara itu, sesebuah perniagaan enterprise boleh juga menghantar taksiran cukai perniagaan berkenaan sendiri atau mewakilkannya kepada agen percukaian yang menyediakan akaun perniagaan masing-masing. Untuk kemudiannya taksiran tersebut dihantarkan ke LHDN dalam masa yang ditetapkan.

Perlu diingat, sesebuah perniagaan enterprise sama ada perniagaan tunggal atau pemilikan perkongsian tidak perlu membuat perisytiharan cukai perniagaan berasingan dari pemiliknya. Perisytiharan ke LHDN oleh individu yang memperolehi pendapatan daripada punca perniagaan perlu melengkapkan Borang B.

2.3.1 Borang C

Borang C atau 'Annual Tax Return' adalah Borang Nyata Syarikat Di Bawah Seksyen 77A Akta Cukai Pendapatan 1967 yang ditetapkan di bawah Seksyen 152 Akta Cukai Pendapatan 1967. Di dalam borang ini diturunkan kaedah pengkomputeran pengiraan cukai atas operasi sesebuah perniagaan.

Borang C hendaklah dihantar dalam tempoh enam (6) bulan setelah sesuatu akaun perniagaan diaudit atau berakhir.

2.3.2 Borang R

Borang R dimaksudkan sebagai kredit cukai yang perlu disempurnakan oleh sesebuah syarikat yang akaunnya telah diaudit. Tempoh yang sama seperti menghantar Borang C dikehendaki bagi menyerahkan Borang R ini kepada LHDN.

2.3.3 Borang CP 204

Sesebuah perniagaan juga seharusnya menghantar Borang CP 204 iaitu borang taksiran untuk anggaran cukai yang mungkin dikenakan pada tahun semasa dan perlu dibayar pada tahun berikutnya. Borang ini hendaklah dihantar 30 hari sebelum bermulanya tarikh bagi satu-satu tahun kewangan sesebuah perniagaan itu.

Adalah perlu diperhatikan yang anggaran cukai bagi tahun berikutnya hendaklah tidak kurang atau pun sama kadar daripada tahun sebelumnya. Cukai-cukai taksiran sebenar yang kena dibayar oleh sesebuah syarikat itu hendaklah dalam lingkungan 30 peratus daripada anggaran yang telah disediakan. Sekiranya cukai sebenar itu melebihi kadar yang dianggarkan itu, penalti sebanyak sepuluh peratus akan dikenakan bagi setiap peratusan lebihan daripada 30 peratus kenaan cukai sebenar tersebut.

Ansuran bagi cukai yang dianggarkan tersebut hendaklah dibayar secara bulanan untuk tempoh selama 12 bulan. Ia hendaklah dibayar dalam tempoh 10 haribulan pada bulan berikutnya. Sekiranya berlaku kelewatan yang mana ansuran tersebut dibayar melewati tarikh tersebut, penalti sebanyak 10 peratus akan dikenakan bagi setiap ansuran yang terlewat dibayar itu.

2.4 Agen Percukaian

Sesebuah syarikat akan melantik agen percukaian untuk menyedia dan menghantar borang-borang tersebut. Juruaudit biasanya dilantik juga sebagai agen percukaian sesuatu perniagaan atau sesebuah syarikat. Setiap agen percukaian berhak mengenakan caj bagi perkhidmatan yang mereka sediakan itu. Biasanya caj-caj perkhidmatan yang diikenakan adalah mengikut kadar semasa pasaran.

Sebelum agen percukaian melakukan penyerahan percukaian ke LHDN, mereka menghendaki seseorang peniaga mahupun sesebuah perniagaan itu menandatangani surat tawaran perlantikan. Surat tawaran perlantikan juruaudit menyatakan antara lain prosedur perlantikan serta cadangan kadar yuran yang dikenakan bagi melaksanakan skop tugasan audit tersebut.

BAB 3.0

PEREKODAN

DOKUMEN-DOKUMEN

SOKONGAN AKAUN

Untuk menyediakan akaun perniagaan, dokumen-dokumen yang diterangkan di bawah hendaklah dikendalikan dengan teratur. Rekod-rekod berkaitan akaun perniagaan hendaklah dikemaskini dan disimpan dalam fail-fail yang dilabel dengan baik. Setiap penyata dan dokumen-dokumen sokongan yang disediakan bagi satu-satu tahun kewangan semasa hendaklah disusun mengikut urutan tarikh dan bulannya. Dokumen-dokumen sokongan akaun seharusnya disimpan untuk tempoh sepuluh tahun sebelum dilupuskan dari penyimpanan.

Sesuai dengan kemajuan teknologi pengkomputeran, seseorang peniaga atau petugas-petugas yang mengendalikan akaun sesebuah perniagaan seharusnya seseorang yang celik komputer dan mahir dalam aplikasi perisian yang biasa digunakan. Antara lain, pakej-pakej perisian yang sering digunakan ialah MS Excel* dan MS Words*. Walau pun begitu, ketidak celikan komputer bukanlah alasan untuk tidak menyediakan rekod-rekod sesuatu akaun perniagaan. Buku-buku tulis boleh sahaja digunakan untuk merekod entri-entri berkaitan sekiranya 'buta komputer' (computer illiterate).

Terdapat juga beberapa sistem aplikasi akaun-akaun berkomputer yang terdapat di pasaran. Sistem ini boleh sahaja diguna untuk menyediakan akaun-akaun sesebuah perniagaan, terserah kepada pemilik perniagaan untuk membuat pilihan. Namun harus diingat tujuan asal buku ini ditulis dan diterbitkan serta kursus berkaitan yang dianjurkan adalah untuk meningkatkan kefahaman pembaca serta kemahiran peserta dalam penyediaan akaun dalam sesuatu perniagaan seterusnya menyediakan akaun-akaun itu ke peringkat auditan oleh pihak juruaudit berlesen.

Kaedah-kaedah penyediaan sama ada menggunakan komputer mahupun ditulis secara manual, dijelaskan dalam bengkel semasa kursus berkaitan dianjurkan. Untuk mencatat rekod-rekod akaun pula, seseorang peniaga atau sesebuah perniagaan boleh sahaja mengikut format seperti yang ditunjukkan dalam jadual-jadual dan gambarajah-gambarajah yang ditunjukkan dalam Lampiran di bahagian akhir buku ini. Format-format berkenaan telah diadaptasi daripada dokumen-dokumen sokongan yang biasa digunakan dalam transaksi-transaksi yang melibatkan penyediaan akaun sesuatu perniagaan.

3.1 Langkah-langkah Jualan

Dalam transaksi jualan barangan sama ada produk atau penyediaan perkhidmatan, aspek-aspek berkaitan "promosi dan pemasaran" biasanya mendahului dan merupakan suatu usaha yang berterusan. Namun begitu, aspek-aspek promosi dan pemasaran tidak akan diulas dan dibincangkan dalam buku ini.

Setelah bakal pelanggan atau pun prospek pembeli mengetahui dan meminati untuk mendapatkan produk mahupun perkhidmatan yang ditawarkan itu, pastinya mereka akan cuba mendapatkan kepastian tentang harganya pula. Sehubungan itu, mereka akan meminta sebut harga dihantar terlebih dahulu kepada mereka. Setelah bakal pelanggan berpuas hati dan bersetuju dengan spesifikasi serta harga sesuatu produk atau perkhidmatan yang ditawarkan, bakal pelanggan berkenaan pasti akan meneruskan tempahan dengan menghantar pesanan belian masing-masing kepada pihak penjual atau pembekal. Persetujuan tersebut mungkin juga setelah melalui proses tawar menawar harga antara keduanya.

Bergantung kepada pihak penjual atau pembekal, harga yang ditawarkan bagi sesuatu barangan atau produk atau perkhidmatan berkenaan yang dinyatakan dalam sesuatu sebut harga biasanya hanya sah mengikut tempoh tertentu sahaja. Tempoh ini biasanya dinyatakan dan dimulakan dari tarikh surat sebut harga tersebut dikeluarkan sama ada satu minggu atau lebih, dan sebagainya.

(Contoh-contoh format Sebut harga dalam Gambarajah 8 sementara Pesanan Belian dalam Gambarajah 10).

Dalam pesanan belian, cadangan pembelian sesuatu produk atau permintaan penyediaan sesuatu perkhidmatan disenaraikan mengikut kualiti dan kuantiti yang ditetapkan berserta harga dan lain-lain syarat utama yang dipersetujui antara penjual atau penyedia dengan pelanggan tersebut. Dinyatakan juga dalam pesanan belian akan tarikh pilihan dan lokasi penghantaran, dan sebagainya.

Sebaik sahaja menerima pesanan belian, penjual atau pembekal akan mengeluarkan <u>invois</u> yang mana di dalamnya termasuklah butiran-butiran berkaitan dengan harga jualan, kuantiti, unit harga dan amaun harga dan jumlah keseluruhan harga produk atau perkhidmatan yang ditawarkan. Dinyatakan juga dalam invois, lokasi sesuatu produk atau perkhidmatan tersebut seharusnya dihantar dan disempurnakan.

Terdapat segelintir peniaga atau perniagaan menghendaki bayaran dijelaskan terlebih dahulu sebaik invois dikeluarkan. Kemudiannya, baharulah barangan tersebut dihantar atau perkhidmatan berkenaan dibekalkan. Terdapat juga peniaga atau perniagaan menghendaki pembeli atau penerima perkhidmatan menjelaskan bayaran terlebih dahulu sebelum sesuatu invois dikeluarkan. Menjadi amalan biasa yang invois-invois dikeluarkan setelah produk atau perkhidmatan tersebut telah sempurna dihantar atau dibekalkan.

Terdapat beberapa kaedah pra pengesahan transaksi belian dan pengisuan invois-invois, antaranya;

Contoh pertama:

Pembelian dan pemasangan penghawa dingin; jual, bekal dan pasang. Pembayaran hanya dijelaskan setelah kerja-kerja pemasangan selesai dijalankan diikuti dengan pengisuan invois.

Contoh kedua:

Membekal dan memasang penghadang tingkap di pejabat. Turutannya seperti berikut: Invois dikeluarkan—membayar invois tersebut—seterusnya barulah kerja-kerja pemasangan dilakukan.

Contoh ketiga:

Perniagaan sms; Bayaran dijelaskan terlebih dahulu, baharulah invois diisu—seterusnya sms dibekalkan kepada pembeli.

Para penjual @pengisu invois hendaklah lebih berhati-hati dalam menyedia dan mengeluarkan sesuatu invois. Ini disebabkan kandungan sesuatu invois itu khususnya yang berkaitan dengan harga sesuatu produk atau perkhidmatan yang ditawarkan itu menjadi asas pembayaran oleh pihak pembeli produk atau penerima perkhidmatan berkenaan.

Namun begitu, sekiranya berlaku kesilapan, terdapat beberapa kaedah pembetulan dan pelarasan yang boleh dilakukan kemudian. Berkemungkinan invois-invois yang dihantar itu telah tercatat lebihan daripada harga sebenar. Pihak peniaga bolehlah mengeluarkan <u>nota kredit</u> bagi menyelaraskan semula harga jualan produk atau perkhimatan tersebut. Perbincangan berkaitan nota kredit dibuat dalam bahagian lain buku ini.

Untuk memudahkan proses pembayaran, invois-invois biasanya dilengkapi dengan butiran-butiran nombor akaun dan nama bank untuk memudahkan pelanggan-pelanggan membuat bayaran bagi invois tersebut. Bergantung kepada persetujuan antara penjual dan pembeli, jualan sesuatu produk atau perkhidmatan yang telah disempurnakan itu mungkin dibayar sama ada secara tunai atau kredit dengan had masa yang ditetapkan. Contohnya, sesuatu produk atau perkhidmatan itu seharusnya dibayar secara tunai atau mungkin telah ditawarkan membayar secara kredit untuk selama tujuh hari, 30, 60, 90 hari dan sebagainya. Setiap tempoh bayaran yang seharusnya dijelaskan biasanya dicatatkan dalam invois yang dihantar.

Sesuatu produk yang telah dihantar atau perkhidmatan yang telah sempurna dibekalkan, <u>nota penghantaran</u> yang mengiringinya hendaklah ditandatangani pelanggan untuk direkod dan dikembalikan sebagai bukti dan perakuan daripada pembeli atau wakilnya yang mereka telah menerima pesanan belian tersebut dalam keadaan baik.

Butiran-butiran yang dinyatakan dalam rekod invois akan memudahkan pemantauan dan semakan pada kemudian hari kelak. Rekod-rekod invois juga menjadi panduan bagi sesebuah perniagaan mengenal pasti pembeli yang bayarannya masih tertunggak. Dengan kata lain, melalui rekod-rekod invois sesebuah perniagaan itu dengan cepat dapat mengetahui debtor masing-masing dan mengambil tindakan-tindakan susulan segera yang sewajarnya bagi mendapatkan wang bayaran masing-masing.

Contoh format invois ditunjukkan dalam Gambarajah 1. Sementara Jadual 1 adalah format catatan akaun tuntutan-tuntutan bayaran berdasarkan invois-invois yang telah dikeluarkan oleh syarikat ABC Sdn. Bhd. kepada pembeli.

*Nota / ** Nota Rujukan:*
(dalam bahagian Lampiran—Jadual 1)

*Nota:Setiap invois yang dikeluarkan hendaklah diberikan nombor mengikut turutan masing-masing berdasarkan tarikh dan bulan invois dikeluarkan supaya mudah untuk membuat semakan dan pemantauan.

**Nota: Ruangan ini disediakan bagi mencatat status setiap terimaan bayaran terhadap sebarang tuntutan bayaran melalui invois-invois yang telah dikeluarkan. 'N' menunjukkan bayaran yang belum dijelaskan bagi invois yang telah dikeluarkan. Sementara 'P' pula menunjukka bayaran telah dijelaskan dan wangnya pun telah diterima. Adalah penting maklumat-maklumat dalam ruangan-ruangan berkaitan (termasuk maklumat-maklumat dalam lajur—cara bayaran, tarikh bayaran, amaun bayaran, bank dimasukkan bayaran) sentiasa dikemaskinikan dari masa ke semasa.

Dengan cara itu, sesuatu perniagaan itu dapat mengetahui status terkini sesuatu invois itu sama ada telah dijelaskan bayarannya atau pun masih tertangguh.

Maklumat dalam lajur bank (nama bank) di mana bayaran dimasukkan hendaklah juga diisi. Sebabnya, ada kemungkinan syarikat yang menerima bayaran mempunyai lebih daripada satu akaun bank.

Penulis suka menarik perhatian para pembaca terhadap lajur-lajur dalam rekod invois, iaitu; lajur untuk butiran dilabel sebagai cara bayar (bagaimana bayaran itu diterima sama ada secara tunai atau cek), tarikh bayaran (tarikh sesuatu bayaran itu dijelaskan), amaun dibayar dan status terimaan bayaran samada 'P' atau 'NP' atau 'PP'.

Dalam hal ini, 'P' bermaksud invois yang diisu itu telah pun dijelaskan bayarannya. Sementara 'NP' bermaksud invois yang diisu belum lagi dijelaskan bayarannya tetapi barangan atau perkhidmatan masih belum diserahkan kepada pelanggan. Sebaliknya 'PP' pula bermaksud bayaran terhadap tuntutan invois tersebut belum dijelaskan tetapi barangan atau perkhidmatan kepada pelanggan berkenaan telah pun diserahkan.

Status yang bertukar dari 'NP' ke 'P' atau 'PP' ke 'P' bermakna semakin meningkatlah hasil pendapatan dalam bentuk wang yang telah diterima dan dimiliki oleh para penjual produk atau penyedia perkhidmatan berkenaan. Juga sebagai penanda berkurangnya bilangan debtor dalam senarai akaun beraudit yang akan disediakan kemudian.

Berkurangnya debtor memungkinkan berkurangnya risiko wujudnya hutang-hutang tertunggak mahupun hutang-hutang yang terpaksa dilupus dan dihapus kira pada masa-masa yang akan datang. Secara tidak langsung, berkurangnya debtor akan meningkatkan lagi kecairan tunai perniagaan yang dijalankan. Di samping itu, menandakan yang para peniaga atau perniagaan tersebut tidak perlu sampai ke tahap untuk mengambil tindakan undang-undang serta berhadapan dengan penghutang-penghutang tersebut dalam mahkamah. Seterusnya, sehingga ke tahap memerlukan pihak hakim menyelesaikan isu tersebut dan memberi kata putus terhadap perkara yang dipertikaikan itu.

3.2 Kawal Selia Terimaan Jualan atau Bayaran

Terimaan jualan dimaksudkan bayaran-bayaran yang diterima atas transaksi jualan sesuatu produk atau perkhidmatan. Sesebuah perniagaan itu semestinya mengawal selia sesuatu terimaan jualan hatta yang paling kecil sehinggalah ke amaun yang besar sekali pun dengan cara yang teratur.

Bayaran-bayaran yang akan diterima itu sama ada dihantar sendiri oleh pembeli dengan tangan ke tempat penjual produk atau penyedia perkhidmatan seperti mana ditetapkan. Pembeli boleh mendepositkan terus bayaran tersebut ke dalam akaun bank perniagaan berkenaan. Pendepositan ke bank adalah kaedah biasa sistem perbankan atau pun menggunakan mana-mana kaedah yang telah dipersetujui bersama oleh kedua-dua pihak.

Biasanya bayaran dijelaskan sama ada secara <u>tunai</u> atau pun menggunakan cek. Cek tersebut sama ada didepositkan terus ke akaun bank atau dihantar ke pejabat penjual atau penyedia perkhidmatan berkenaan. Cek-cek boleh dihantar sama ada menggunakan surat biasa, kurier, atau pun menggunakan pekhidmatan penghantar surat.

Setiap salinan-salinan cetakan bank seperti <u>slip deposit</u> atau 'bank-in slip' hendaklah dihantar kepada penjual atau penyedia perkhidmatan dengan kadar segera. <u>Resit-resit bayaran</u> (resit-resit terimaan wang atau cek) bolehlah dikeluarkan setelah bayaran-bayaran tersebut sah diterima serta telah dikreditkan ke dalam akaun bank syarikat.

Bayaran-bayaran yang diterima akan diletakkan dalam lajur kredit di dalam jadual pelarasan bank syarikat berkenaan. Sebaliknya, dalam penyata akaun bank bulanan, pembayaran oleh pihak bank diletakkan dalam lajur debit yang mana dianggapkan pihak bank adalah pihak yang mengeluarkan bayaran.

Jadual 2 yang ditunjukkan dalam Lampiran buku ini adalah format catatan akaun seliaan untuk terimaan jualan iaitu slip deposit bank. Rekod slip deposit atau bank-in tersebut hendaklah disenaraikan mengikut tarikh sesuatu bayaran itu didepositkan. Nombor-nombor invois adalah penting dipadankan sebaris dengan nama pembayarnya, tarikh dan amaun bayaran berkenaan.

(Contoh slip deposit bank ditunjukkan dalam Gambarajah 2 (a); Cetakan Pendepositan ke 'CDM'.

Sementara Gambarajah 2 (b); Cetakan Pendepositan secara Pindahan Atas Talian).

3.3 Rekod-rekod Pengeluaran Bayaran

Bayaran-bayaran yang dikeluarkan oleh seseorang peniaga atau sesebuah perniagaan itu hendaklah direkodkan dengan tepat dan teratur. Tanpa rekod-rekod yang betul adalah sukar untuk mengesan transaksi-transaksi berkaitan pengeluaran wang berkenaan.

Bayaran-bayaran yang dikeluarkan itu ditempatkan dalam kolum debit dalam jadual pelarasan bank sesebuah perniagaan. Sebaliknya, dalam penyata akaun bank bulanan ia diletakkan dalam lajur kredit, yang mana pihak bank dianggap penerima bayaran tunai atau cek berkenaan.

Seseorang peniaga atau sesebuah perniagaan itu membuat pembayaran berdasarkan invois-invois yang dikeluarkan oleh penjual atau pembekal. Dengan adanya baucer bayaran, rekod-rekod bayaran terhadap sesuatu pengeluaran cek atau bayaran tunai dengan wang dapat disediakan dengan teratur dan memudahkan pemantauan transaksi-transaksi bayaran yang dikeluarkan dari masa ke semasa.

Sebaliknya, jika gagal melunaskan bayaran-bayaran seperti mana yang dituntut dalam invois, seseorang peniaga atau sesebuah perniagaan itu bermakna masih berhutang dengan penjual atau pembekal berkenaan. Sekiranya bayaran yang tertunggak tidak dijelaskan dalam tempoh yang agak lama mungkin akan menyukarkan pula pembeli atau penerima perkhidmatan berkenaan untuk membuat pesanan baru. Hutang-hutang yang berterusan tertunggak memungkinkan tindakan undang-undang pula diambil oleh pihak penjual atau pembekal.

Pihak yang menuntut bayaran ialah pihak yang menghantar invois tuntutan kepada pihak yang menjelaskan bayaran. Sementara pihak yang mengeluarkan tunai atau cek ialah pihak yang mengeluarkan baucer bayaran.

Rekod-rekod pengeluaran bayaran atau rekod cek-cek diisu mengandungi butiran-butiran seperti nombor cek, nama bank bagi akaun berkenaan, tarikh sesuatu cek dikeluarkan, nombor baucer, penerima bayaran (wang tunai atau cek), perihal pembayaran (catatan ringkas berkaitan dengan tuntutan bayaran berkenaan) dan amaun dibayar mengikut jumlah yang dituntut melalui sesuatu invois itu.

Penyenaraian rekod-rekod keluaran bayaran hendaklah dibuat mengikut urutan nombor-nombor cek untuk memudahkan semakan. Pelarasan bank yang dilakukan secara bulanan adalah penting bagi membuat pemadanan antara invois daripada pihak menuntut bayaran dengan pengeluaran cek bagi pihak yang membayar sesuatu tuntutan berkenaan. Tujuan pelarasan semoga mudah membuat semakan silang antara satu sama lain terhadap cek-cek dan invois-invois yang telah dikeluarkan. Serta memastikan seseorang peniaga atau sesebuah perniagaan itu tidak tergolong sebagai pihak yang gagal membereskan tanggungan kewangan serta komitmen bayaran masing-masing terhadap rakan-rakan perniagaan yang sedia terjalin itu. Penyata-penyata yang kemas berkaitan perkara ini akan menjadikan setiap rekod tuntutan dan bayaran lebih mudah dipantau dan membuat tindakan susulan kemudian.

Kekadang seseorang peniaga mahu pun sesebuah perniagaan membuat bayaran tanpa merujuk kepada sebarang invois. Oleh itu, disyorkan membuka invois bagi tuntutan-tuntutan yang telah dibayar sebagai langkah pematuhan prosedur akaun bagi transaksi berkenaan.

Cek-cek yang telah dibatalkan hendaklah sempurna dilupuskan dan direkodkan sebagai cek yang telah dibatalkan. Dengan cara itu dapat menghindar dan mengelakkan risiko pembayaran dua kali.

Seseorang peniaga atau sesebuah perniagaan itu adalah penting menyimpan keratan-keratan cek yang terdapat pada buku cek bagi tujuan semakan dikemudian hari. Biasanya setiap buku cek mengandungi 100 helaian cek kosong.

Gambarajah 3 (Sampel Cek) menunjukkan bahagian keratan cek di mana catatan ringkas ditulis dengan perkara-perkara berkaitan seperti butiran di bawah:-

- Tarikh cek diisu
- Tujuan cek diisu
- Kemasukan atau pengkreditan
- Baki terkini atau baki akhir

- Nama penerima cek
- Baki terdahulu
- Pengeluaran atau pengdebitan

Sekiranya bayaran tunai secara kecil-kecilan dilakukan, bolehlah direkodkan dalam penyata tunai runcit. Perbincangan berkaitan sub-topik ini terdapat dalam Perenggan 3.8 berikut.

Jadual 3 di dalam Lampiran menunjukkan kaedah menyenaraikan sesuatu keluaran bayaran (Pengisuan cek-cek) yang seharusnya diamalkan untuk tujuan rekod.

3.3.1 Pengisuan Cek-cek

Cek-cek yang hendak ditulis atau diisu hendaklah dipastikan ketepatannya. Aspek ini hendaklah juga diperhatikan bagi cek-cek yang hendak dideposit ke bank-bank. Kebanyakan bank sekarang ini menggalakkan pendepositan cek melalui mesin-mesin pendepositan cek (CDM). Kebanyakan CDM ini, seperti juga mesin-mesin teller automatik (ATM) beroperasi 24 jam sehari.

Pengisu atau penerima cek hendaklah menyemak perkara-perkara berikut terhadap sesuatu cek yang dikeluarkan atau diterima; antaranya: Nama penerima cek (boleh jadi individu atau institusi), tarikh cek diisu (seharusnya pada bila-bila-bila masa boleh dinyatakan atau dijelaskan atau boleh jadi sebagai cek yang 'post-dated', dan amaun yang hendak dibayar atau dijelaskan (amaunnya hendaklah betul antara kedua-duanya sama ada dalam angka dan perkataan) dan penandatangan cek.

Pengisu hendaklah memastikan cek-cek yang hendak diisu telah lengkap ditandatangani. Penandatangan cek adalah seperti mana yang terdapat dalam simpanan rekod bank termasuk sama ada cek-cek ditandatangani secara tunggal atau bersama. Aspek-aspek ini penting bagi menentukan sesuatu cek itu dapat dijelaskan oleh pihak bank kepada petunai dinyatakan.

(Gambarajah 2 (a) & Gambarajah 2 (b) menunjukkan contoh-contoh slip deposit menggunakan 'CDM', dan pindahan atas talian. Contoh baucer bayaran (Gambarajah 6) berserta contoh cek-cek yang mungkin diisu atau diterima ditunjukkan dalam Gambarajah 3.

3.4 Kaedah Penyediaan Pelarasan Bank (Pelarasan Bank Perniagaan melawan Penyata Akaun Bank Bulanan)

Tujuan utama penyediaan pelarasan bank adalah untuk menentukan lejer atau baki akhir serta baki tunai yang terdapat pada satu-satu bulan pelarasan bagi sesuatu akaun itu. Seseorang peniaga atau sesebuah perniagaan itu seharusnya membuat pelarasan bank agar mereka mengetahui dengan tepat baki wang tunai yang ada di dalam akaun bank perniagaan atau syarikat masing-masing. Penyata akaun bank bulanan yang dihantar oleh sesebuah bank terdapat dalam contoh penyata akaun bank bulanan pada Gambarajah 4 dalam Lampiran pada buku ini.

Baki ditunjukkan pada penyata tersebut tidak menunjukkan baki sebenar tunai yang terdapat dalam sesuatu akaun untuk digunakan selepas daripada tarikh berakhirnya sesuatu penyata akaun bank bulanan tersebut. Hal ini disebabkan ada di antara cek atau cek-cek yang dikeluarkan itu masih belum dikreditkan lagi ke dalam akaun syarikat di bank berkenaan.

Ada beberapa sebab sesuatu cek itu masih belum dikredit dan dijelaskan amaunnya, antaranya;

i) Sesuatu cek itu masih belum diserahkan kepada penerima bayaran (cek masih disimpan oleh pengeluar cek).

ii) Sesuatu cek itu mungkin masih disimpan oleh penerima bayaran. Cek telah diserahkan oleh pembayar tetapi atas sebab-sebab tertentu ianya masih gagal atau belum didepositkan ke akaun bank penerima bayaran.

iii) Sesuatu cek itu masih terapung dalam akaun penerima bayaran dan menanti tempoh masa minimum untuk sesuatu cek itu dijelaskan. Jangka masa penjelasan sesuatu cek tertakluk tempoh seperti yang ditetapkan oleh pihak regulator (Bank Negara Malaysia (BNM)).

iv) Sesuatu cek itu telah luput tarikh sahnya atau pun cek berkenaan telah dibatalkan dan menunggu cek gantian. Adalah perlu diingatkan yang tempoh sah laku sesuatu cek itu biasanya adalah untuk tempoh selama 6 bulan. Mungkin ada tempoh pembatalan cek oleh bank yang lebih singkat daripada itu iaitu tiga bulan.

Penyata akaun bank bulanan hanya menunjukkan baki tunai yang ada dalam akaun dan penyata akaun bank tidak termasuk atau tertakluk kepada keempat-empat situasi yang diterangkan di atas. Dengan kata lain, sebahagian wang baki di lejer atau baki akhir dalam penyata akaun bank bulanan itu bukanlah dimiliki secara mutlak oleh pihak pemegang akaun bank tersebut. Sehubungan itu, tindakan susulan perlulah diambil sehingga cek-cek tersebut didebit dan ditunaikan oleh pihak bank untuk dijelaskan seperti mana dicatatkan nama, amaun dan tarikh setiap cek yang dikeluarkan itu.

Dalam Jadual 4 (a) & (b) ditunjukkan format dan kaedah-kaedah penyediaan pelarasan bank secara bulanan untuk sesebuah perniagaan yang telah disediakan secara manual. Kesemua rekod-rekod keluaran bayaran yang ditunjukkan dalam penyata akaun bank bulanan diletakkan dalam lajur kredit. Sementara itu, mana-mana penerimaan bayaran diletakkan di bawah lajur debit. Ketetapan sebaliknya digunakan bagi lajur kredit atau debit dalam penyata akaun yang dikeluarkan oleh pihak syarikat.

Dalam penyata akaun bank bulanan yang menggunakan satu lajur untuk masukan dan keluaran, transaksi-transaksi kredit bagi syarikat ditandakan '+' termasuk butiran tarikh dan amaun terimaan sama ada melalui wang tunai atau cek. Transaksi-transaksi debit pula ditandakan dengan '-' termasuk butiran-butiran amaun, tarikh dan nombor cek individu atau syarikat yang mengeluarkannya. Selain menggunakan tanda '+' atau '-' dalam satu lajur, terdapat bank yang mengeluarkan penyata menggunakan dua lajur berlainan; satu untuk terimaan (deposit) dan satu lajur lagi untuk pengeluaran (debit).

Di samping elemen-elemen tersebut, penyata akaun bank bulanan memasukkan juga maklumat-maklumat berkaitan jumlah debit atau kredit serta amaun baki pembukaan atau penutup. Amaun baki tersebut adalah baki lejar atau baki akhir penyata akaun tersebut. Penyata akaun bank juga terdapat butiran nama dan alamat syarikat pemegang akaun, nombor akaun, tarikh penyata dikeluarkan, tempoh (bulan semasa) penyata, jenis akaun dan maklumat-maklumat berkala lain yang ingin disampaikan oleh pihak bank kepada klien masing-masing. Lazimnya, sesebuah syarikat ialah pemegang akaun semasa.

Tanpa pelarasan bank yang betul, berkemungkinan seseorang peniaga atau sesuatu perniagaan itu masih mengeluarkan cek. Mungkin juga mengeluarkan lebih dari satu cek bagi tujuan melunaskan berbagai bayaran yang dituntut oleh pihak penjual atau pembekal. Sedangkan baki wang tunai sebenar yang ada dalam akaun bank berkenaan masih tidak mencukupi. Apa yang berlaku selepas itu, sekiranya cek atau cek-cek berkenaan masih dikeluarkan oleh syarikat berkenaan? Cek berkenaan akan menjadi cek atau cek-cek yang tidak dapat ditunaikan. Dengan kata lain, pihak syarikat berkenaan telah mengeluarkan 'cek tendang' atau cek-cek yang tidak laku dan tidak boleh dijelaskan.

Pelarasan bank seseorang peniaga mahupun sesebuah perniagaan itu disediakan pada hari pertama lagi akaun tersebut dibuka di mana-mana bank yang dipilih oleh entiti perniagaan berkenaan. Bermula dari tarikh itulah, transaksi perbankan telah pun mula mengambil tempatnya.

Bagi menyediakan pelarasan bank, kesemua butiran-butiran yang ditunjukkan dalam Jadual 2 (Rekod Terimaan Bayaran atau Rekod Deposit) dan Jadual 3 (Rekod Cek-cek Diisu) adalah sangat penting. Malahan setiap terimaan bayaran atau keluaran bayaran yang direkodkan pada penyata akaun bank bulanan hendaklah dipadankan dengan invois-invois yang dikeluarkan. Butiran-butiran yang terdapat pada ruangan kredit atau debit penyata akaun bank bulanan adalah sama penting untuk diperiksa dengan teliti. Sebabnya, kemungkinan terdapat transaksi kemasukan dan keluaran yang berada di luar pengetahuan pemegang akaun atau terlepas pandang kerana kesibukan berurus niaga.

Setiap transaksi keluaran bayaran atau terimaan bayaran adalah diproses daripada butiran invois-invois yang diterima atau dikeluarkan daripada atau kepada para penjual atau pembekal. Kesemua sumber terimaan wang atau sebab-sebab keluaran bayaran sama ada tunai atau cek hendaklah diketahui punca dan sebabnya supaya mudah membuat semakan terhadap kreditor atau debtor perniagaan kemudian. Seseorang peniaga atau sesebuah perniagaan itu hendaklah sentiasa memastikan padanan bagi setiap butiran kredit atau debit sama adasesuatu pelarasan akaun yang disediakan pihak syarikat mahupun penyata akaun bank bulanan yang disediakan oleh pihak bank.

Begitu juga dengan pengeluaran bayaran-bayaran yang dibuat oleh pihak syarikat melalui cek mahu pun wang tunai hendaklah direkodkan pada ruangan debit atau kredit penyata akaun bank bulanan adalah sama penting untuk diperiksa dengan teliti. Hal ini memudahkan seseorang peniaga atau sesebuah perniagaan itu menyemak dan memasukkan setiap butiran kemasukan ke dalam penyata akaun beraudit pada masa-masa yang akan datang.Sekiranya terdapat rekod keluaran wang dalam penyata bank (seperti pengkreditan di pihak bank kerana menjelaskan bayaran terhadap nota debit yang dikeluarkan), maka di pihak perniagaan pula hendaklah terus sahaja mengeluarkan baucer bayaran bagi transaksi berkenaan. Dengan cara itu, prosedur akaun akan sentiasa dipatuhi.

Pelarasan bank juga menyenaraikan cek-cek yang belum dikreditkan. Jumlah keseluruhan amaun cek-cek yang belum dikreditkan itu kemudiannya dijumlahkan dengan amaun wang tunai baki bersih yang tersedia dalam akaun tersebut.Jumlah ini menjadi amaun baki lejer atau baki akhir seperti mana tercatat dalam penyata akaun bank bulanan yang dihantar pada setiap bulan oleh pihak bank kepada sesebuah syarikat.

(Untuk melihat kedudukan cek-cek yang belum dikredit dalam pelarasan bank, silalah merujuk Lampiran—Jadual 4)

Untuk mengetahui dan memahami lebih lanjut langkah-langkah penyediaan pelarasan bank, para pembaca hendaklah memahami betul-betul Jadual 4 yang ditunjukkan dalam Lampiran dalam buku ini. Komponen-komponen berikut pada akhirnya akan menunjukkan yang wang tunai sebagai baki lejer atau baki akhir pada penyata akaun bank bulanan adalah sama dengan pelarasan bank yang seseorang peniaga atau sesebuah perniagaan berkenaan.

3.4.1 Pra-syarat Pengisuan Cek

Mengikut garis panduan 'Dishonoured Cheques Information System' (DCHEQS) oleh Bank Negara Malaysia, menasihatkan bahawa setiap pemegang akaun semasa di mana-mana bank hendaklah sentiasa memastikan bahawa wang baki yang tersedia dalam akaun tersebut adalah mencukupi bagi menjelaskan (membayar) setiap cek-cek yang telah dikeluarkan.

Persatuan Bank-bank Malaysia (Malaysia Bank Association) telah menetapkan berkuatkuasa 1 Februari

1986 untuk mengenakan penalti minimum seratus ringgit Malaysia bagi setiap cek-cek yang dikembalikan kerana tidak mempunyai baki wang yang mencukupi. Sekiranya cek-cek kerap 'ditendang' mahu pun akaun semasa tersebut tidak dikendalikan dengan baik akan berisiko tinggi untuk pihak bank menutup akaun bank seseorang peniaga atau sesebuah perniagaan itu. Akaun yang telah ditutup akan mengambil tempoh tiga tahun untuk membolehkan akaun semasa syarikat tersebut dibuka semula di bank berkenaan.

3.4.2 Contoh penyediaan pelarasan bank:

Katakan syarikat ABC Sdn. Bhd. telah membuka akaun semasa di XYZ Bank Berhad, bernombor akaun 1234-5678-9999-10 bagi menjalankan perniagaan pengiklanan. Akaun tersebut telah dibuka pada 25 Julai dengan deposit permulaan sebanyak RM100,000.00.

Amaun tersebut ditunjukkan kemudiannya pada penyata bank bulan Julai (dicatatkan yang rekod kemasukan adalah pada 28 haribulan) yang dihantar pada bulan Ogos. Pihak bank kemudiannya menyerahkan buku cek kepada syarikat ABC Sdn. Bhd. pada 28 Julai. Kemudiannya pihak bank telah mengeluarkan nota debit (debit note) pada tarikh yang sama sebanyak RM15.00 iaitu caj duti setem bagi pengeluaran buku cek tersebut. Amaun ini telah didebit terus ke akaun syarikat pada tarikh tersebut.

Pada bulan Julai itu juga, syarikat telah mengeluarkan satu cek bernombor 123001 sebanyak RM806.00 dengan keluaran bayarannya telah didebit ke penyata akaun bank pada 29 Julai. Cek tersebut dikeluarkan untuk pembayaran atas belian alat tulis dan dibayar kepada Penerima A. Ini bermakna baki tunai di bank berakhir pada 31 Julai adalah sebanyak RM100,000.00 ditolak RM15.00, dan ditolak lagi RM806.00, menjadikan bakinya sebanyak RM99,179.00. Walaupun begitu, terdapat satu cek bernombor 123002 berjumlah RM1,500.00 bagi kerja-kerja penyelanggaraan pejabat yang dikeluarkan oleh syarikat ABC Sdn Bhd pada 31 Julai dibayar kepada Penerima B. Cek ini hanya tercatat pendebitannya dalam penyata akaun bank bulanan bagi bulan semasa Ogos pada 3 haribulan.

Transaksi-transaksi lain pada bulan Ogos adalah seperti berikut; 1 Ogos. Contohnya: Syarikat ABC Sdn Bhd telah mengeluarkan invois bernombor 08-001 untuk tuntutan bayaran mencetak poster kepada syarikat DEF Sdn. Bhd. Amaun sebanyak RM510.15 kemudiannya telah dibayar dengan cek dan dikreditkan ke akaun bank syarikat pada 10 Ogos.

Tuntutan bayaran melalui invois kedua; 08-002 bertarikh 05 Ogos sebanyak RM300.00 bagi penjualan papan tanda dan telah dibayar secara tunai oleh syarikat GHI Sdn. Bhd. melalui pindahan atas talian pada 13 Ogos. Tuntutan bayaran seterusnya daripada syarikat ABC Sdn. Bhd.sebanyak RM3,085.79 telah dibuat melalui invois 08-003 bertarikh 10 Ogos oleh syarikat JKL Sdn. Bhd. bagi mencetak brocur. Cek bayaran telah dihantar secara kiriman pos dan telah diterima pada 12 Ogos di pejabat ABC Sdn Bhd. Cek tersebut kemudiannya telah dideposit ke bank oleh petugas syarikat ABC Sdn. Bhd. pada 13 Ogos. Amaun sebanyak RM3,085.79 itu telah dikredit ke akaun bank syarikat pada 16 Ogos.

Sementara itu, syarikat ABC Sdn. Bhd. telah membuat keluaran bayaran menggunakan cek 123003 sebanyak RM1,200.00. Cek tersebut dibayar kepada Penerima C untuk kos upah dan telah didebit ke akaun bank pada 7 Ogos.

Sebanyak tiga cek lagi telah dikeluarkan oleh syarikat ABC Sdn Bhd iaitu cek bernombor 123004 bertarikh 24 Ogos dibayar kepada Penerima D untuk kos belian dakwat pencetak sebanyak RM2,923.58. Cek bernombor 123005 dibayar kepada Penerima E pada 28 Ogos sebanyak RM10,000.00 bagi kos pembekalan dan pemasangan penghawa dingin di pejabat ABC Sdn Bhd. Kemudiannya syarikat ABC Sdn Bhd telah membayar dengan cek bernombor 123006 pada 29 Ogos kepada Penerima F sebanyak RM5,000.00 bagi kos pembelian mesin fotokopi. Satu lagi cek bernombor 123007 telah dikeluarkan pada 30 Ogos sebanyak RM500.00 bagi digunakan dalam akaun tunai runcit. Rekod juga menunjukkan yang cek tersebut telah ditunaikan pada 06 September.

Nombor-nombor cek dan amaunnya didapati tidak terdapat dalam penyata akaun bulanan bank bagi bulan Ogos. Tetapi cek-cek tersebut hanya telah didebitkan pada bulan September dan nombor-nombor cek berkenaan disenaraikan dalam penyata akaun bank bulan September syarikat ABC Sdn Bhd (iaitu masing-masing pada 04, 05, 06 dan 08 September). Dengan kata lain, cek-cek tersebut masih belum dikreditkan ke penyata akaun bank dalam bulan Ogos.

Transaksi-transaksi yang ditunjukkan hanyalah sebagai contoh sahaja. Akaun ini adalah satu akaun bank yang baru dibuka dan hanya melalui tempoh perniagaan yang singkat. Jadinya, pengiraan dibuat di sini yang 'Balance Forward' berakhir 31 Julai iaitu baki lejer atau baki akhir pada 31 Julai syarikat ABC Sdn Bhd dalam bank XYZ Bank Berhad bagi penyata akaun bank bulanan berakhir pada 31 Julai tersebut adalah sebanyak

RM99,179.00. Terdapat satu cek bernombor 123006 yang dikeluarkan pada 29 Ogos yang masih belum dikreditkan sebanyak RM5,000.00 yang tidak ditunjukkan dalam penyata bank bulanan bagi bulan Julai. Ini menjadikan baki sebenar tunai di bank adalah sebanyak RM97,679.00.

Sementara itu baki lejer atau baki akhir pada 31 Ogos adalah sebanyak RM100,379.00. Sementara baki wang tunai sebenar yang berada dalam akaun yang dibawa ke hadapan pada 01 September adalah sebanyak RM80,455.42. Jadi berhati-hatilah apabila menulis cek. Anda hendaklah memastikan amaun yang hendak dikeluarkan itu mestilah tidak melebihi daripada apa yang terdapat sebagai baki wang tunai sebenar yang berada dalam akaun bank pada satu-satu masa ketika cek-cek baru mahu diisu.

Kaedah pengiraan yang ditunjukkan dalam Jadual 4 (a), 4 (b) dan 4 (c) di bahagian Lampiran buku ini diharapkan akan menguatkan lagi kefahaman pembaca terhadap kaedah-kaedah melaksanakan pelarasan bank seperti contoh yang ditunjukkan bagi akaun syarikat ABC Sdn. Bhd.

Dengan menyediakan pelarasan bank, seseorang peniaga atau sesebuah perniagaan itu akan dapat menghindari dari mengeluarkan cek yang tidak dapat ditunaikan oleh pihak bank. Sekiranya ini yang berlaku, situasi sedemikian menjadikan cek-cek yang cuba didepositatau dikredit di bank akan tertolak. Cek atau cek-cek berkenaan diistilahkan sebagai 'cek tendang'. Sekiranya insiden-insiden pengeluaran 'cek tendang' berterusan, ia boleh memberikan gambaran dan reputasi yang kurang baik kepada perniagaan yang dijalankan. Akhirnya mungkin tiada penjual atau pembekal perkhidmatan yang mahu memberikan terma kredit kepada perniagaan tersebut. Di samping itu, kemungkinan juga tiada penjual atau pembekal yang bersedia menerima cek atau cek-cek bagi tujuan melunaskan bil-bil atau invois-invois yang perlu dibayar oleh syarikat berkenaan.

Cek yang telah 'ditendang' itu juga berisiko menyebabkan sesuatu akaun bank yang dimiliki oleh sesebuah syarikat itu boleh ditamatkan atau ditutup. Lebih menyukarkan lagi, pengeluar cek-cek sebegini akan disenarai hitamkan oleh Bank Negara Malaysia (BNM). Seterusnya menjadikan pemilik cek-cek sedemikian tidak dibenarkan membuka akaun semasa sama ada persendirian mahupun syarikat di mana-mana bank di Malaysia untuk tempoh tiga tahun lamanya.

Berdasarkan jadual-jadual yang ditunjukkan dalam Lampiran berkenaan, seolah-olah pelarasan bank hanya boleh disediakan dengan menggunakan komputer. Namun penyediaan pelarasan bank boleh juga disediakan dengan menuliskannya di dalam buku-buku tulis bersaiz sesuai. Yang penting kaedah menyediakannya difahami dan dimahirkan dengan sebaik-baiknya.

Sehubungan itu, bengkel-bengkel yang dikendalikan dalam kursus-kursus yang dianjurkan kelak akan memberikan pendedahan yang sangat berguna terhadap kaedah penyediaan pelarasan bank kepada para pembaca mahupun peserta kursus secara lebih terperinci lagi.

3.5 Keuntungan Perniagaan

Berikut ditunjukkan kaedah mengira keuntungan sesebuah perniagaan yang mana terdapat di dalamnya keuntungan kasar, keuntungan bersih dan keuntungan selepas cukai.

Dalam dunia korporat, keuntungan selepas cukai biasanya dipanggil sebagai *'bottom line'* syarikat berkenaan.

3.5.1 Pengiraan Keuntungan Perniagaan:

i) Keuntungan Kasar
    = Hasil Jualan—Kos Jualan
ii) Keuntungan bersih
    = Keuntungan Kasar—Kos Operasi
    —Kos Pelbagai
iii) Keuntungan Selepas Cukai
    = Keuntungan Bersih—Cukai Perniagaan

3.5.1.1 Pendapatan Hasil:

Hasil daripada perniagaan boleh didapati dari punca-punca dikategorikan seperti berikut;

-   Hasil Kendalian
-   Hasil Bukan Kendalian

3.5.1.2 Kos-kos jualan:

Kos-kos jualan melibatkan kos pembelian produk-produk jualan, kos pengedaran dan kos pengiklanan. Perlu diingatkan, pembelian produk barangan tidaklah sama antara pelbagai jenis perniagaan yang dijalankan.

3.5.1.3 Pengiraan Peratus Kos Jualan:

Pengkomputeran kos jualan pada peringkat awal akan dapat menentukansama adasesuatu perniagaanitu memperoleh keuntungan atau sebaliknya.

Pengiraan Peratus Kos Jualan:

Baki terdahulu bulan lepas	=	B*
Pembukaan stok bulan semasa	=	O
Belian bulan semasa	=	P
Jumlah stok pembukaan semasa	=	O +P
[+] Stok pindah masuk	=	T
Jumlah stok tersedia (S)	=	O+P+T
[-] Stok pindah keluar	=	Q
[-] Stok rosak	=	R
Jumlah stok ditolak (E)	=	-(Q + R)
Jumlah nilai stok kos barangan		
i.e. Inventori stok semasa (I)	=	S-E
Jumlah jualan bulan semasa	=	J

Nota: Yang mana O = P.

3.5.2 Senarai Barangan Perbelanjaan

Berbagai item berkaitan kos-kos perbelanjaan bagi sesebuah perniagaan disenaraikan di bawah.

3.5.2.1 Kos-kos operasi utama:

Berikut adalah senarai barangan melibatkan kos-kos perbelanjaan bagi operasi sesebuah perniagaan.

Alatulis—Bil Air/Elektrik—Bayaran bonus Pengarah dan Staf—Caj kad kredit—Caj telefon—Caj bank— Caj pentabiran—Caj profesional—Cukai Jalan dan Insuran—Cukai perkhidmatan—Elaun pengarah— Caj perubatan—Yuran cukai—Yuran internet—

Yuran kesetiausahaan—Yuran kursus—Yuran pembersihan (Cleaning)—Yuran pengauditan—Yuran perakaunan—Yuran permit kerja—Yuran stamping perjanjian—Yuran visa pekerja asing—Yuran lesen—Gaji pengarah—Gaji staf—Hadiah & Derma—Insuran am—Interest & Dividen—Keraian—Komisyen—Kompaun—Pelbagai elaun—Penerbitan berkala—Pengiklanan—Penginapan (akomodasi) hotel—Penginapan staf —Penyelenggaraan Premis Pejabat atau Kenderaan atau Alatan pejabat—Perbelanjaan runcit—Percetakan—Petrol—Pos & Kurier—'Refreshment'—Sewaan premis pejabat—Sewaan ruang pameran—Potongan KWSP atau PERKESO atau LHDN—Suratkhabar—Susutnilai—Tiket penerbangan—Tol & Parkir—Tuntutan perjalanan.

3.5.2.2 Pelbagai Kos Lain-lain Perbelanjaan

Sekiranya terdapat perbelanjaan-perbelanjaan lain yang tidak disenaraikan di atas (Perenggan 3.5.2.1), kategorikan sahaja perbelanjaan tersebut ke dalam kumpulan kos pelbagai.

3.6 Nota Kredit

Nota kredit ialah penyata yang dihantar oleh penjual produk atau penyedia perkhidmatan kepada pembeli. Dalam nota kredit, penjual memasukkan butiran berkaitan amaun wang yang telah dikreditkan ke dalam akaun SiPembeli atau SiPenerima Perkhidmatan.

Nota kredit berkemungkinan disediakan berikutan tuntutan bayaran mengalami keadaan-keadaan seperti berikut;

i)   Kesilapan dalam menuntut bayaran yang dibuat melalui invois-invois yang telah dikeluarkan oleh penjual berkenaan,

ii) Kadar diskaun yang telah tidak diambil kira dalam tuntutan bayaran.

iii) Barangan atau perkhidmatan yang masih dalam jaminan telah mengalami kerosakan atau gagal disempurnakan sepenuhnya,

Atau,

iv) Barangan yang dihantar atau perkhidmatan yang dibekalkan telah tidak mengikut spesifikasi yang telah dipersetujui. Nota kredit dipanggil juga memo kredit.

3.6.1 Contoh-contoh penggunaan nota kredit:

Contoh pertama;

Syarikat X telah membuat pesanan bagi pembelian dan pemasangan penghawa dingin di pejabat. Setelah kerja-kerja pemasangan tersebut selesai dijalankan oleh syarikat Y (sebagai penjual atau pembekal penghawa dingin tersebut); wakil syarikat X telah menandatangani nota penghantaran yang telah disediakan oleh syarikat Y. Syarikat Y kemudiannya menghantar invois sebagai tuntutan bayaran bagi barangan atau perkhidmatan yang telah dijual dan dibekalkan itu.

Kemudiannya syarikat X telah menyediakan cek bayaran untuk syarikat Y berdasarkan invois yang telah dikeluarkan itu. Kesilapan telah berlaku di mana syarikat X telah membayar mengikut invois dengan tidak menolak kurangan harga setelah diskaun. Ini bermakna syarikat X telah terlebih bayar akan invois tuntutan tersebut. Dalam situasi sebegini syarikat X seharusnya mengeluarkan satu nota kredit bagi membuat pelarasan akaun dengan syarikat Y tersebut.

Contoh kedua;

Invois telah dikeluarkan bagi tuntutan sesuatu bayaran. Namun kesilapan telah berlaku yang mana penerima bayaran telah menjelaskan bayaran tidak mengikut amaun pada invois. Malahan telah membayar mengikut perkiraan mereka sendiri.

Dalam situasi sebegini, nota kredit hendaklah dikeluarkan bagi membuat pelarasan untuk invois yang telah terlebih tuntutan itu. Dari segi pematuhan terhadap prosedur perakaunan, nota kredit tidak semestinya dihantar kepada pihak penerima bayaran. Mencukupi sekadar diletakkan pada fail untuk rujukan semasa kerja-kerja pengauditan kemudian.

3.7 Nota Debit

Nota debit ialah dokumen yang digunakan untuk memberitahu pembekal akan kuantiti barangan dan amaun wang yang seharusnya dikembalikan kepada pembeli. Nota debit biasanya digunakan bagi transaksi membeli barangan secara kredit dan nota debit dipanggil juga memo debit. Mendapatkan bayaran dengan mengeluarkan memo debit akan menjadi lebih mudah sekiranya wang pembayar telah sedia berada di pihak yang menuntut.

3.7.1 Contoh penggunaan nota debit:

Untuk menjelaskan lagi situasi berkaitan, di bawah ini diberikan contoh bagaimana sesuatu nota debit itu digunakan. Pihak bank mengenakan caj duti setem terhadap pengambilan buku cek oleh syarikat ABC Sdn. Bhd. Pihak bank tidak meminta bayaran berkenaan dibayar terus oleh syarikat ABC Sdn. Bhd. Disebabkan pihak bank dalam masa yang sama adalah pemegang wang bagi pihak syarikat ABC Sdn. Bhd. maka lebih mudah untuk pihak bank menolak sahaja jumlah wang yang dituntut dari akaun yang sedia ada dalam akaun bank berkenaan.

[Nota: Contoh-contoh berkaitan diterangkan dalam penyediaan pelarasan bank sebelum ini (Jadual 4 (a) & 4 (b). Transaksi-transaksi yang sama ditunjukkan juga dalam Penyata Tunai Runcit dalam Jadual 6].

Kaedah serupa boleh digunakan oleh sesebuah perniagaan sekiranya mereka memegang wang satu pihak lain yang mana sebahagian wang tersebut 'payable' kepada mereka. Untuk melancarkan penyediaan akaun antara dua entiti berkaitan, kedua-dua pihak seharusnya memaklumi akan situasi ini antara satu sama lain.

3.8 Penyata Tunai Runcit

Contoh transaksi berkaitan penyata tunai runcit ditunjukkan dalam Jadual 6 bahagian Lampiran dalam buku ini. Kaedah menyediakan penyata tunai runcit lebih kurang sama dengan kaedah penyediaan pelarasan bank. Wang terimaan diletakkan di bawah debit sementara keluaran wang pula diletakkan di bawah kredit. Penyata tunai runcit berfungsi seperti penyata pelarasan bank. Dengan kata lain, pelarasan bank diguna pakai seolah-olah tabung tunai runcit adalah sebuah bank kecil.

Biasanya tabung tunai runcit menyediakan rekod untuk transaksi penerimaan dan pembayaran wang secara tunai dalam amaun yang kecil. Terdapat beberapa sumber yang lazim bagi kemasukan wang ke akaun tunai runcit. Sama ada wang yang ditunaikan dari cek syarikat atau wang tunai yang diperolehi dari hasil jualan yang dibayar secara tunai oleh para pelanggan. Tunai runcit digunakan juga untuk membuat pelbagai bayaran yang amaunnya adalah kecil.

Sehubungan itu, penyata tunai runcit menyediakan rekod untuk transaksi-transaksi keluaran dan penerimaan wang secara tunai dalam jumlah yang minimum sahaja. Namun begitu, jumlah wang tunai yang diperuntukkan dalam akaun tunai runcit seharusnya mengikut kesesuaian transaksi tunai harian syarikat. Wang tunai yang disimpan sebagai 'petty cash' hendaklah dihadkan. Agar dapat mengelakkan wang yang disimpan dalam tabung di pejabat tersebut hilang dan terhindar dari mengalami risiko-risiko kecurian serta disamun mahupun dirompak. Bergantung kepada penggunaan wang tunai sehari-hari, kebiasaannya sesebuah perniagaan hanya menghadkan tabungan tunai runcit mereka kepada 500 ringgit sahaja. Sebaliknya, amaun tersebut seharusnya ditingkatkan dan sentiasa dilakukan isian semula dari masa ke semasa jika diperlukan.

3.9 Pembelian Aset

Berdasarkan keperluan dan kemampuan sumber-sumber kewangan, peniaga mahupun sesebuah perniagaan itu boleh sahaja membeli sebarang aset yang dikehendaki. Aset boleh jadi dalam bentuk aset tetap dan aset tidak tetap.

Sebarang bentuk aset melibatkan nilai tersebut dalam tempoh tertentu, nilaiannya boleh jadi bertambah atau sebaliknya iaitu menyusut. Kebiasaannya aset-aset seperti hartanah nilainya akan sentiasa meningkat. Tetapi aset-aset berbentuk peralatan dan perkakasan biasanya sering merosot dari nilaian sebelumnya. Aset-aset yang mencatatkan penyusutan nilai antara lainnya kenderaan, komputer, alat penghawa dingin, dan sebagainya. Sementara aset yang bertambah nilaiannya antara lain hartanah, dan sebagainya.

Kadang-kala terdapat transaksi pembelian aset bagi satu-satu tahun kewangan sesebuah perniagaan. Juruaudit seharusnya memeriksa dokumen-dokumen sokongan berkaitan pembelian aset dengan lebih teliti. Tujuannya adalah untuk mengelakkan daripada sebarang ralat perakaunan, menghindari transaksi-transaksi tidak sah daripada berlaku, ketidak patuhan terhadap kaedah-kaedah penilaian serta mengelakkan dari berlakunya sebarang kesilapan dalam mengklasifikasikan aset-aset berkaitan. Klasifikasi aset menentukan juga kadar tambah nilai atau susut nilai aset-aset berkenaan.

Aset tidak menjadi elemen kepada kos-kos perbelanjaan sama ada kos operasi mahupun kos-kos perbelanjaan lain. Dokumen-dokumen sokongan pembelian aset bolehlah difailkan dalam satu fail berasingan untuk memudahkan rujukan pada masa-masa hadapan.

Kedudukan penyataan aset dalam penyata akaun adalah di dalam kunci kira-kira sesuatu perniagaan.

BAB 4.0

KAWALAN TERIMAAN HASIL

Seseorang peniaga atau pun sesebuah perniagaan itu mestilah mewujudkan kawalan bagi setiap hasil yang diperoleh sama ada melalui jualan produk mahupun pendapatan daripada pembekal perkhidmatan yang ditawarkan. Kawalan penerimaan hasil melibatkan penerimaan pendapatan atau jualan melalui kaedah-kaedah berikut, sama ada; pertamanya: Terimaan Cek, dan keduanya: Terimaan Tunai.

Sebahagian daripada kaedah kawalan khusus berkaitan terimaan cek telah dibincangkan dalam Bab 3 (Perenggan 3.2). Sementara itu, penyediaan rekod slip deposit atau bank-in ditunjukkan dalam Jadual 2. Penerimaan pendapatan atau jualan yang diterima dalam bentuk wang tunai telah dibincangkan dalm Perenggan 3.8. Penyediaan Penyata Tunai Runcit pula ditunjukkan dalam Jadual 6.

Sehubungan itu, Jadual 5 dalam bahagian Lampiran buku ini ditunjukkan rekod-rekod wang tunai yang diterima dan dikeluarkan. Biasanya jumlah pegangan semasa wang untuk tunai runcit tidaklah besar. Penyimpanan wang tunai dalam peti-peti besi yang ditempatkan di bilik-bilik kebal di pejabat pun mengundang risiko keselamatan. Kejadian menceroboh serta pecah masuk boleh sahaja berlaku pada bila-bila masa yang tidak diduga.

Sehubungan dengan itu, transaksi antara penyimpanan atau pengeluaran daripada atau kepada akaun bank seterusnya kemasukan atau pengeluaran kepada atau daripada penyata runcit tunai atau sebaliknya akan sentiasa berlaku. Ini bermaksud sekiranya diperlukan untuk menyediakan wang tunai di tangan dalam 'petty cash' yang boleh digunakan dengan segera, cek bolehlah ditunaikan di bank. Wang tunai yang diperolehi dari penunaian cek tersebut seterusnya bolehlah dimasukkan ke akaun tunai runcit tersebut. Sebaliknya sekiranya wang di tangan telah melebihi had yang telah ditetapkan, wang tunai tersebut bolehlah didepositkan terus ke akaun bank syarikat. Pempadanan bagi kedua-dua akaun tersebut hendaklah dilakukan pada setiap masa secara berterusan.

4.1 Mesin Daftar Tunai

Pada masa dulu, kedai runcit menggunakan baldi diikat tali dan diletakkan pemberat untuk dijadikan 'mesin tunai'. Di situlah diletakkan wang terimaan hasil jualan seharian. Agak lama juga kaedah ini digunakan oleh para peniaga khususnya dalam perniagaan kedai-kedai runcit.

Zaman kini berubah, kaedah sedemikian turut berubah. Penjual atau peniaga telah menggunakan mesin tunai. Mesin ini memberikan banyak kelebihan terutama perniagaan berkaitan jualan runcit. Antara kebaikannya, mesin tersebut boleh menutup kira-kira beberapa transaksi asas perniagaan yang telah dijalankan pada hari tersebut. Antaranya, membuat penjumlahan amaun jualan bagi barangan tertentu pada hari-hari tertentu dan sebagainya. Terdapat juga mesin-mesin seumpamanya yang lebih canggih yang telah digunakan dalam perniagaan berbentuk runcit ini. Antaranya, mesin tunai yang mempunyai fungsi pelbagai yang lain yang lebih canggih seperti terminal POST iaitu 'point of sales terminal'.

Namun begitu, kita seharusnya lebih fokus terhadap pengamalan yang betul dalam penggunaan mesin tersebut. Kita boleh melihat kedai-kedai runcit masyarakat Cina mahupun restoran mamak (kaum India Muslim) di negara ini, mempunyai piawai tersendiri dalam mengawal dan mengendalikan mesin-mesin tersebut. Biasanya hanya orang-orang tertentu sahaja ditugaskan mengendalikan mesin tersebut bagi satu-satu masa dalam tempoh tertentu perniagaan tersebut beroperasi.

Sehubungan itu, adalah menjadi perkara yang lazim pengendalian mesin-mesin tersebut diserahkan kepada pembantu jualan yang sangat dipercayai oleh pemilik kedai atau restoran tersebut. Mungkin juga pada hari-hari tertentu hanya 'SiTowkey' sahaja yang mengendalikannya dan bukan orang lain.

Janganlah seseorang peniaga mahu pun sesebuah perniagaan itu *(Penulis meminta maaf terlebih dahulu di sini terhadap keceluparan ungkapan yang digunakan)* menganggap mesin tunai itu seperti 'pelacur' yang boleh didatangi oleh sesiapa pun 'melangganinya'. Terdapat rangkaian kedai-kedai runcit atau restoran-restoran yang tidak menugaskan pekerja-pekerja yang dilantik secara khusus mengendalikan mesin tersebut. Malahan, sesiapa sahaja boleh memasukkan wang ke dalamnya. Keadaannya menjadi lebih parah apabila sesiapa sahaja boleh mengeluarkan wang dari mesin tersebut.

Perlu diambil perhatian dan dititik beratkan yang bisnes adalah bisnes. Tiada istilah ahli keluarga dalam mengendalikan mesin tersebut. Kadang-kala wang dikeluarkan dan diambil darinya untuk kegunaan sendiri. Etika perakaunan perniagaan hendaklah diamalkan dengan baik dalam operasi mesin tunai tersebut. Maksudnya, mesin tunai hendaklah dikendalikan secara profesional. Setiap wang perniagaan yang terdapat dalam mesin tersebut mempunyai akauntabilitinya yang tersendiri.

Seseorang peniaga mahupun sesebuah perniagaan perlulah melantik petugas khusus sebagai juruwang di kaunter perniagaan masing-masing. Tidak salah rasanya untuk memberikan sedikit insentif tambahan kepada juruwang tersebut. Tanggungjawab dan akauntabiliti yang dipikul oleh mereka untuk mengawal dan mengendalikan wang tunai harian perniagaan tersebut adalah besar.

Perbagai implikasi buruk boleh berlaku terhadap pengendalian wang tunai tersebut sekiranya tiada sistem kawalan yang berkesan. Dengan ketiadaan inventori, tanpa rekod stok, tiada rekod keluar masuk barangan dan sebagainya menjadikan aktiviti-aktiviti urus niaga harian mungkin kelihatan sibuk, tetapi di penghujung hari perniagaan, wang yang dikumpulkan tidaklah sebanyak yang dijangka atau mungkin kurang dari yang sepatutnya. Pelbagai kemungkinan boleh berlaku dari situasi sebegini. Antara implikasi utamanya ialah berlakunya ketirisan disebabkan kecuaian dan tidak berkesannya pengendalian penerimaan dan pengeluaran bayaran bagi urus niaga perniagaan berkenaan.

Kebiasaan bagi mana-mana pemilik perniagaan mendapatkan maklum balas daripada pelanggan mereka dari masa ke semasa akan perniagaan yang dijalankan itu. Penulis teringatkan kisah yang dicoretkan di dalam buku[1] yang ditulis berkaitan rangkaian perniagaan Mydin. Selepas ditanyakan satu soalan, lantas pelanggan tersebut mengatakan kepada bos Mydin yang bertanya itu dengan menyatakannya seperti berikut:

> *". . . . membeli belah di MYDIN Semuanya baik, malahan penyelia Dato' juga memasukkan duit ke poketnya sendiri sepertimana yang dilakukan oleh Dato'."*

Begitulah jawapan selamba yang diberikan oleh pelanggan tersebut kepada Dato' berkenaan. Ini merupakan satu kisah yang menunjukkan bahawa faktor kawalan penerimaan hasil adalah sangat penting dalam sesuatu perniagaan.

4.2 Televisyen Litar Tertutup

[Close Circuit Television (CCTV)]

Antara kaedah kawalan tambahan bagi sesebuah premis perniagaan adalah menggunakan cctv. Dengan kecanggihan sistem interaksi internet dan telefon bimbit sekarang ini, CCTV pun boleh diinteraktifkan antara media kawalan perniagaan.

Kemungkinan seseorang peniaga telah merasa begitu yakin akan keberkesanan perniagaan masing-masing menjalankan usaha-usaha mengawal terimaan wang khususnya kutipan wang tunai yang diterima daripada perniagaan mereka. Sebahagian pula menganggap langkah-langkah yang telah dijalankan itu seperti menempatkan mesin tunai serta menggaji pembantu atau juruwang yang dirasakan boleh dipercayai sudah memadai. Bagi mengukuhkan lagi usaha-usaha tersebut, sesebuah perniagaan itu kemudiannya mungkin mengeluarkan sedikit kos tambahan untuk membeli dan memasang CCTV di premis perniagaan masing-masing. CCTV ditempatkan di premis-premis perniagaan berkenaan dan dipasang dengan menghala ke mesin tunai tersebut. Potensi masalah yang mungkin timbul tidak berakhir di situ sahaja seperti mana yang diceritakan oleh kenalan penulis:

> *Beliau menceritakan, bagaimana barang-barang jualan di bilik dingin beku di kedainya itu telah 'difaraid' oleh pembantu-pembantu kedai yang lain. Boleh dikatakan dia sering*

*berada di pejabatnya sewaktu kedai jualannya
dibuka, dan sentiasa pula memantau rakaman
CCTV tersebut dari meja kerjanya. Namun
agak terperanjat apabila mendapati stok-stok
kambing import dan lain-lain barangan yang
ditempatkan di bilik dingin beku kedai tersebut
semakin berkurangan. Malahan terdapat stok-
stok barangan tertentu yang terus hilang dari
simpanan di bilik dingin beku tersebut. Selama
ini beliau merasakan yang sistem kawalan
terimaan dan keluaran wang tunai yang
sepatutnya telah ditempatkan di situ mencukupi.
Namun disedari kemudiannya, CCTV tidaklah
sepenuhnya berkesan.*

Hakikatnya, 'Mat Bangla-Mat Bangla' yang tidak
berkerja di situ telah berpakat dengan para pekerja di
kedai tersebut. Mereka rupa-rupanya lebih 'advance'
dari tuan punya perniagaan (teman penulis) itu sendiri.
Kebiasaannya mereka melakukan perkara tersebut pada
sebelah pagi. Penulis yang kadang-kala mengunjungi kedai
pada waktu tersebut berasa agak hairan mengapa mereka
begitu ramai berada di bahagian belakang kedai tersebut.
Rupa-rupanya ada 'udang di sebalik batu' di situ.

Masalah pengurusan, kesibukan masa mencari
bekalan, dan sebagainya telah memberi kesan yang sangat
besar kepada perniagaan yang dijalankannya. Akhirnya
perniagaan tersebut telah terpaksa ditutup. Lebih
mendukacitakan lagi apabila kedai miliknya yang telah
selesai pinjaman bank, dimasukkan pembiayaan semula
dengan bank berkenaan tetapi telah gagal dilunaskan
bayaran ansuran bulanannya. Akhirnya kedai tersebut
telah terpaksa dilelong pula oleh pihak bank.

Sehingga kini, penulis tidak lagi mendapat khabar berita dari teman penulis itu. Yang pastinya, bekas premis yang menempatkan perniagaannya sebelum ini telah pun bertukar pemilik. Pemilik baru telah pun menjalankan perniagaan yang lain.

Penulis membawakan cerita ini bagi mencerahkan minda pembaca terhadap pengamalan praktikal perakaunan dalam perniagaan. Bahawasanya perniagaan pada setiap masa seharusnya mengambil kira dan sentiasa menitik beratkan aspek-aspek yang berkaitan dengan perakaunan.

Perniagaan dan perakaunan sememangnya tidak boleh dipisahkan. Begitu juga dengan pengawalan terimaan hasil dan keluaran bayaran yang khususnya melibatkan wang tunai. Jika proses ini dititik beratkan dari awal lagi maka akan mudahlah sesuatu perniagaan itu melaksanakan segala kehendak ciri-ciri perakaunan yang baik dalam sesuatu perniagaan itu.

4.3 Menghadapi Audit Yang Lebih Besar

Sesiapa sahaja yang mengendalikan akaun mahu pun sebarang tugasan yang diamanahkan, sesungguhnya setiap daripada mereka mempunyai tanggung jawab yang sangat besar dan berat. Bagi mereka yang beragama Islam, kepercayaan beragama semestinya menjadi panduan untuk masing-masing memberikan sumbangan kerja sebaik mungkin. Proses menyediakan akaun yang baik memungkinkan kita dapat menghasilkan perakaunan perniagaan yang juga baik dan berkesan.

Kepercayaan sebagai penganut Agama Islam semestinya menjuruskan kita terhadap pertanggung jawaban di akhirat pada kemudian hari kelak. Apa sahaja yang dilakukan di dunia ini bukan sahaja berakhir setelah kita menghembuskan nafas yang terakhir tetapi akan dipersoalkan pula di akhirat nanti. Maknanya, sebagai pekerja mahupun apa sahaja komitmen yang perlu dilakukan; semuanya dipersoalkan oleh Allah satu persatu kelak. Kita mungkin menyediakan akaun untuk diaudit tetapi di akhirat kelak kita akan menghadapi audit yang lebih besar pula. Kita seharusnya berusaha agar mampu melepasi audit yang besar itu.

Penulis mengharapkan perbincangan di atas telah berjaya memenuhi sebahagian kupasan untuk mengaplikasi akaun secara praktikal dalam sesuatu perniagaan. Para pembaca diharapkan berkemampuan mengawal selia terimaan hasil bagi setiap barangan dan perkhidmatan yang telah ditawarkan. Itu pun motif sebenar buku ini ditulis dan diterbitkan. Begitu jugalah motif kursus yang berkaitan dengan buku ini dianjurkan.

Terdapat berbagai kes penyelewengan, penyalah gunaan kuasa kuasa dalam aktiviti-aktiviti perniagaan dan sebagainya. Kekadang kes-kes yang dilaporkan kelihatannya kecil dan terpencil tetapi sering disiarkan dalam media cetak dan elektronik tempatan dan luar negara.

Dipetik dari buku: Mydin—Di Sebalik Tabir; ditulis oleh Datin Dr. Hjh Siti Hawa Mohd, terbitan MPH Group Publishing Sdn. Bhd., Kuala Lumpur, 2012, halaman 93.

BAB 5.0

LAPORAN AKAUN BERAUDIT

5.1 Lintasan Penyata Laporan Akaun Beraudit

Juruaudit menyediakan Penyata dan Laporan Kewangan (Statements and Financial Reports) bagi satu-satu tahun kewangan berakhir seperti mana mengikut tempoh yang ditentukan sendiri oleh sesebuah perniagaan. Mana-mana entiti perniagaan yang akaunnya tidak perlu diaudit tidak tertakluk kepada verifikasi kesahihan juruaudit.

Terdapat beberapa kelebihan bagi sesebuah perniagaan yang menjalankan audit, sama ada pengauditan dijalankan bagi akaun sesebuah perniagaan mahupun pengauditan akaun perniagaan sesebuah syarikat. Kedua-duanya mempunyai kelebihan. Antara kelebihan utama yang mungkin diperoleh daripada pengauditan sesuatu akaun adalah seperti berikut:-

- Sesuatu kesilapan atau penyelewengan yang berlaku dalam perniagaan syarikat dapat dikesan melalui prosedur melaksanakan akaun beraudit. Akaun yang dibiarkan berterusan tidak diaudit meningkatkan lagi keberangkalian penyelewengan tersebut lambat atau langsung tidak dapat dikesan.
- Akaun yang diaudit akan menonjolkan sebahagian kelemahan dalam sistem syarikat, seterusnya membolehkan juruaudit mencadangkan langkah-langkah pembaikan serta meningkatkan kecekapan dan pengurangan kos.
- Akaun beraudit menjurus syarikat kepada pematuhan prosedur-prosedur pekerjaan dan percukaian.
- Pihak bank pastinya enggan menyediakan pinjaman atau pembiayaan kepada syarikat sekiranya akaun syarikat tersebut tidak diaudit.

- Sekiranya perniagaan atau syarikat tersebut mahu dijual, pastinya lebih meyakinkan dan menarik minat bakal pembeli jika akaun syarikat tersebut beraudit.

- Pihak pembekal mungkin menawarkan terma-terma jualan yang lebih menarik kepada syarikat yang akaunnya telah diaudit.

- Pembeli lebih meyakini dan mempercayai sesebuah syarikat yang akaunnya beraudit.

- Meminimumkan campur tangan agensi percukaian dalam proses mengenakan cukai terhadap perniagaan tersebut. Yang mana juruaudit adalah pihak yang sememangnya dianggap layak dan profesional dalam bidang berkenaan oleh pihak berkuasa berkaitan.

- Sebarang kesilapan dapat dikenalpasti terlebih dahulu sebelum sesuatu deklarasi taksiran cukai dihantar kepada pihak berwajib. Hal ini mengurangkan risiko dikenakan penalti kerana terkurang taksiran atas cukai yang seharusnya dibayar.

- Juruaudit berpeluang menasihati sesebuah perniagaan bagi membaiki lagi kadar percukaian yang dikenakan dan membaiki sistem perakauanan perniagaan masing-masing.

Di dalam penyata akaun yang diaudit, juruaudit akan melaporkan antara lainnya; Laporan Pengarah, Penyata Pengarah, Deklarasi Berkanun (Akuan Bersumpah Pengarah (Director's Statutory Declarations)), Laporan Juruaudit, Penyata Pendapatan, Kunci Kira-kira, Penyata Pertukaran Ekuiti, Penyata Aliran Tunai, dan Nota-nota Lampiran bagi penyata-penyata kewangan yang disediakan.

Secara ringkas, diperincikan di bawah bahagian-bahagian penyata akaun yang telah diaudit. Format yang piawai digunakan oleh para juruaudit bebas yang menyediakan akaun beraudit syarikat-syarikat.

5.2 Kenyataan Ahli Lembaga Pengarah

Penyata Pengarah merangkumi kenyataan ahli-ahli lembaga pengarah syarikat. Penyata Pengarah menerangkan kedudukan perniagaan bagi satu-satu tahun kewangan syarikat yang diperiksa.

Antara lain, pengarah syarikat melaporkan tentang aktiviti-aktiviti utama perniagaan syarikat, prestasi syarikat (rekod untung/rugi), pembahagian dividen (sekiranya ada), senarai ahli-ahli lembaga pengarah dan kepentingan setiap daripada mereka dalam syarikat seperti peratusan pemilikan saham, juga termasuk di dalamnya akuan sumpah berkanun.

Laporan akaun beraudit seharusnya ditandatangani sekurang-kurangnya oleh dua orang pengarah syarikat.

5.3 Perlantikan Juruaudit

Bahagian ini menyatakan kesediaan juruaudit untuk menyambung khidmat mereka untuk kerja-kerja pengauditan akaun bagi tahun kewangan berikutnya bagi syarikat berkaitan. Hasrat tersebut seharusnya diselaras dan direkodkan dalam resolusi lembaga pengarah berkaitan perlantikan juruaudit tersebut bagi tahun seterusnya.

5.4 Laporan atau Penyata Pengarah

Penyata Pengarah memperakukan yang kerja-kerja akaun dan audit yang disediakan telah menepati prosedur, peraturan dan undang-undang sedia ada. Bahagian ini menyediakan klausa deklarasi sumpah berkanun pengarah yang ditandatangani bersama-sama pesuruhjaya sumpah.

5.5 Laporan Bebas Juruaudit Kepada Ahli-ahli Syarikat

Bahagian ini melaporkan perakuan pengesahan juruaudit terhadap tugasan mereka itu telah mengikut prosedur yang sepatutnya. Laporan ini meliputi beberapa pandangan dan pendapat juruaudit terhadap kerja-kerja pengauditan akaun yang telah dijalankan oleh mereka.

5.6 Komponen-komponen Utama Akaun Beraudit

Sesuatu akaun yang diaudit mengandungi komponen-komponen dinyatakan di bawah ini adalah menjadi kemestian:

- Penyata Pendapatan,
- Kunci Kira-kira,
- Penyata Perubahan Ekuiti,
- Penyata Aliran Tunai,
- Nota-nota Penjelasan

Komponen-komponen ini dapat menunjukkan prestasi sebenar perniagaan bagi satu-satu tahun semasa untuk akaun sesebuah syarikat yang telah diaudit.

5.6.1 Penyata Pendapatan

Penyata pendapatan menerangkan hasil yang diperoleh oleh sesebuah perniagaan termasuk tolakan-tolakan bagi kos-kos perbelanjaan dalam perniagaan tersebut sepanjang tahun itu.

5.6.1.1 Hasil

Hasil adalah pendapatan yang telah diterima dalam bentuk wang, termasuk juga jangkaan wang yang akan diterima pada masa depan oleh sesebuah perniagaan. Hasil dapat dikategorikan kepada dua; pertama: Hasil-hasil Kendalian, kedua: Hasil-hasil Bukan Kendalian.

a) Hasil Kendalian:
   Dalam kategori pertama, hasil kendalian adalah pendapatan yang diperoleh secara terus dari jualan barangan atau perkhidmatan, termasuk pendapatan yang diperolehi secara tetap contohnya pulangan dividen.

b) Hasil Bukan Kendalian:
   Hasil bukan kendalian adalah pendapatan yang diperolehi dari sumber-sumber yang tidak tetap dan luar jangka. Contoh hasil bukan kendalian adalah penjualan hartanah, mesin atau peralatan yang dimiliki sesebuah perniagaan.

5.6.1.2 Kos-kos Perbelanjaan & Keuntungan Perniagaan

Kos-kos perbelanjaan antara lain termasuklah kos jualan, kos pengedaran dan pengiklanan, kos operasi dan pelbagai kos-kos perbelanjaan yang lain.

Keuntungan kasar dan keuntungan bersih yang dijanakan dari sesebuah perniagaan juga diterangkan secara lebih terperinci dalam sesuatu akaun beraudit. Keuntungan kasar sesebuah perniagaan itu diperoleh setelah ditolak kos-kos jualan.

Keuntungan bersih sesebuah perniagaan yang dijalankan adalah tolakan kos pelbagai dalam perniagaan.

5.6.1.3 Cukai Perniagaan

Dalam akaun beraudit dinyatakan juga akan amaun cukai yang seharusnya dibayar kepada kerajaan melalui LHDN (jika ada). Lebihan selepas bayaran cukai dinamakan sebagai <u>keuntungan setelah ditolak cukai</u> bagi satu-satu tahun kewangan semasa bagi sesebuah perniagaan.

Bagi syarikat sendirian berhad, agen percukaian yang dilantik bertanggungjawab menyedia dan menghantar Borang C dan Borang R ke LHDN. Borang C adalah komputasi pengiraan cukai (yang perlu dibayar oleh sesebuah perniagaan itu kepada kerajaan (sekiranya ada) dan kredit cukai itu dibayar melalui LHDN (sekiranya ada).

Seseorang peniaga atau sesebuah perniagaan itu boleh menjelaskan zakat perniagaan menggantikan cukai-cukai perniagaan yang kena bayar. Zakat yang telah dibayar itu dikecualikan daripada membayar cukai perniagaan ke LHDN. (Rujukan lanjut boleh dibuat di jabatan agama sesebuah negeri atau lembaga zakat yang bertanggungjawab di negeri berkaitan).

5.6.2 Kunci Kira-kira

Kunci kira-kira merekodkan kedudukan kewangan yang dimiliki sesebuah perniagaan pada satu-satu masa. Penyata ini menunjukkan bagaimana sesuatu pembiayaan itu diperoleh bagi menjadi sumber modal sesebuah perniagaan. Perolehan modal dari sumber berkenaan akan menjadi aset bagi perniagaan tersebut.

Kunci kira-kira boleh juga dimaksudkan sebagai rumusan terhadap aset-aset syarikat, liabiliti-liabilti dan ekuiti pemegang-pemegang saham pada satu-satu masa yang ditetapkan.

Dalam hal ini, satu-satu masa yang ditetapkan itu adalah tempoh tahun kewangan sesuatu akaun syarikat itu diaudit oleh juruaudit yang dilantik syarikat tersebut.

a)   Aset

Aset semasa adalah gabungan ekuiti pemilikan perniagaan (pemilik perniagaan atau pemegang-pemegang saham serta liabiliti bagi perniagaan tersebut). Aset dibahagikan kepada dua kategori: Aset Semasa, dan Aset Bukan Semasa.

i)   Aset Semasa

Aset semasa umumnya berjangka masa selama setahun atau kurang. Aset semasa boleh jadi dalam bentuk wang tunai, stok barangan, tanggungan debtor dan sebagainya.

ii)   Aset Bukan Semasa

Aset bukan semasa digunakan secara berterusan untuk jangka masa melebihi setahun. Aset kategori ini tidak mudah untuk dicairkan menjadi wang tunai seperti hartanah, kenderaan, peralatan atau perkakasan pejabat, dan sebagainya.

Contoh-contoh aset yang terlibat dengan susut nilai termasuklah mesin-mesin, peralatan atau perkakasan seperti penghawa dingin, komputer, kenderaan, pengubahsuaian pejabat, pembikinan papan tanda-papan tanda dan sebagainya.

Susut nilai yang direkodkan bergantung kepada jenis-jenis aset tersebut, biasanya antara sepuluh hingga dua puluh lima peratus.

b)   Liabiliti

Liabiliti adalah punca modal bukan dari sumber dalaman yang kemudiannya boleh menjadi tuntutan pihak daripada luar terhadap sesebuah perniagaan yang dijalankan.

Liabiliti terbahagi kepada dua kategori, iaitu;

i)   Liabiliti Semasa

Liabiliti semasa berjangka masa kurang dari setahun untuk dijelaskan seperti akaun pemiutang dari senaraian kreditor dan pembiayaan jangka pendek daripada institusi kewangan, bank atau pembiayaan-pembiayaan lain seperti overdraf bank.

Elaun-elaun yang ditanggung bayar kepada pengarah-pengarah juga termasuk liabiliti semasa.

ii)   Liabiliti Bukan Semasa

Liabiliti bukan semasa berjangka masa melebihi setahun seperti pembiayaan atau pinjaman bank yang berjangka masa panjang untuk melunaskan semula pinjaman tersebut.

c)   Ekuiti Pemegangan saham

Diimaksudkan sebagai jumlah saham yang dimiliki oleh seseorang pemegang saham dalam sesebuah syarikat. Dari segi modal, ia menjadi modal berbayar syarikat.

5.6.3 Penyata Perubahan Ekuiti

Penyata perubahan ekuiti adalah suatu pernyataan terhadap sebarang perubahan pemilikan saham atau pun bahagian perniagaan yang dimiliki oleh pemilik entiti sesebuah perniagaan itu.

Secara umumnya, kesetiausahaan syarikat berhubung kait dengan entiti sesebuah perniagaan sendirian berhad terhadap pengendalian butiran-butiran berkaitan pengarah, pemilikan saham, dan sebagainya.

Kelebihan lain bagi syarikat-syarikat yang akaunnya diaudit adalah membantu perniagaan tersebut untuk memohon sebarang bentuk pinjaman ataupun kemudahan-kemudahan pembiayaan dari mana-mana bank atau institusi kewangan swasta mahu pun agensi-agensi kerajaan seperti MARA (Majlis Amanah Rakyat), PUNB (Perbadanan Usahawan Nasional (Skim TEKUN)), agensi-agensi berkanun, dan sebagainya. Seterusnya, akaun beraudit berupaya membantu pengusaha mengembangkan perniagaan masing-masing.

Akaun beraudit berupaya membantu sesebuah perniagaan dari banyak segi. Sama ada mereka itu berusaha untuk mendapatkan peluang-peluang baru dari tawaran-tawaran kerja lain atau pun untuk mendapatkan kontrak-kontrak pekerjaan atau perkhidmatan atau bekalan dari pemilik-pemilik projek yang baru.

5.6.3.1 Kaitan Akaun Beraudit atau Perakaunan Pengurusan

Dengan Perubahan Ekuiti

Setiausaha syarikat sememangnya berperanan dari aspek pertukaran atau perpindahan ekuiti sesuatu syarikat itu. Untuk itu, setiausaha syarikat memerlukan rekod-rekod akaun yang terkini sama ada akaun yang telah diaudit mahupun akaun pengurusan yang terbaru yang telah dikemaskinikan. Dari segi ini, setiausaha syarikat memerlukan sekurang-kurangnya penyata untung rugi bagi mendaftarkan sebarang perubahan terhadap ekuiti syarikat berkenaan.

5.6.4 Penyata Aliran Tunai

Penyata aliran tunai menunjukkan kecairan tunai yang mungkin sesebuah perniagaan itu memilikinya setelah mengambil kira elemen-elemen seperti yang dibincangkan di bawah ini. Antaranya, keuntungan sebelum cukai yang dicatatkan pada satu-satu tahun kewangan semasa, susut nilai atas peralatan atau perkakasan dan cukai-cukai yang dibayar.

Termasuk dalam komponen ini adalah aktiviti-aktiviti yang diperoleh dari pelaburan seperti pembelian peralatan atau perkakasan. Bayaran tunai daripada para pengarah adalah termasuk salah satu elemen dalam penyata aliran tunai.

Bagi peralatan dan perkakasan yang dibeli, pengiraan susut nilai adalah pada kadar sepuluh hingga 25peratus setahun bergantung kepada jenis-jenis barangan yang dimiliki oleh perniagaan tersebut.

5.6.5 Nota-nota Penjelasan Akaun Beraudit

Bahagian ini menerangkan secara terperinci butiran-butiran Nota Penjelasan Akaun Beraudit yang telah dikemukakan dalam dokumen induk sesuatu akaun beraudit tersebut, supaya kemudiannya nanti merekadari kalangan yang memerlukan maklumat dari akaun beraudit tersebut dapat memahaminya dengan lebih jelas kesemua butiran-butiran yang dinyatakan itu. Kebiasaannya, nota-nota penjelasan disertakan sebagai bahagian Lampiran dalam laporan akaun beraudit.

5.6.6 Pulangan Tahunan (Annual Return)

'Annual return' adalah dokumen yang menerangkan secara umum beberapa butiran penting terkini syarikat. Pulangan tahunan hendaklah disediakan oleh setiausaha syarikat tidak melebihi 14 hari dari tarikh mesyuarat agung tahunan syarikat (AGM). Seterusnya Pulangan Tahunan dihantarkan ke SSM dalam tempoh 30 hari dari tarikh AGM itu diadakan berserta dengan akaun yang telah diaudit oleh pihak juruaudit.

Maklumat-maklumat yang terdapat dalam 'annual return' termasuklah; alamat berdaftar dan alamat perniagaan syarikat, alamat cawangan (jika ada), jenis perniagaan utama syarikat, tanggungan-tanggungan syarikat sama ada hutang bercagar dan hutang tidak bercagar syarikat, senarai nama-nama pengarah syarikat, setiausaha syarikat dan pemegang-pemegang saham syarikat.

Dengan kata lain, 'annual return' menyediakan maklumat-maklumat terkini berkaitan sesebuah syarikat sebaik sahaja mesyuarat agung tahunan syarikat dijalankan.

Setelah meneliti komponen-komponen akaun beraudit yang telah dibincangkan di atas, para pembaca sebenarnya tidaklah perlu risau akan kaedah-kaedah pembentangan Penyata Akaun Beraudit tersebut. Kerana menjadi tanggungjawab pihak pengaudit untuk menzahirkan butiran berkaitan dalam sesuatu laporan yang mereka sediakan itu.

Juruaudit bertauliah ialah pihak yang berkelayakan untuk melakukannya. Mereka itu dibayar untuk melaksanakan kerja-kerja pengauditan serta penerbitan laporan tersebut.

5.7 Perakaunan Pengurusan (Management Accounting)

Di sebalik akaun beraudit, akaun-akaun yang disediakan bagi operasi sesebuah perniagaan dikenali juga sebagai perakaunan pengurusan. Yang mana, akaun seumpama ini tidak menjalani proses pengauditan oleh juruaudit persendirian atau sesebuah firma audit. Perakaunan pengurusan lebih sebagai kerja-kerja perakaunan bagi memandu sama ada pemilik perniagaan, pengurusan atau lembaga pengarah sesebuah syarikat itu membuat keputusan-keputusan perniagaan masing-masing dari masa ke semasa. Perakaunan pengurusan juga diperlukan dalam urusan pemindahan saham dalam sesebuah syarikat.

BAB 6.0

PERATURAN,
ASPEK UNDANG-UNDANG,
KONTRAK PERNIAGAAN
& KAWALAN KREDIT

Bab ini mendedahkan para pembaca kepada beberapa perkara berkaitan peraturan, undang-undang, kepentingan kontrak serta beberapa langkah kawalan kredit. Terdapat pertalian rapat antara aspek berkaitan undang-undang dengan kawalan kredit. Pembaca juga diingatkan tentang peraturan-peraturan khusus penyediaan akaun dengan langkah-langkah yang seharusnya diambil bagi menghindari masalah-masalah terhadap penghutang dan pemiutang. Setiap debtor adalah sebahagian daripada punca hasil, sementara kreditor adalah sebahagian daripada liabiliti.

Tindakan berkesan perlu dijalankan dari masa ke semasa dalam perniagaan berkaitan dengan isu-isu ini. Sebab itulah aspek-aspek berkaitan peraturan, perundangan, kontrak-kontrak dalam perniagaan dan pengawalan kredit bergerak seiring dengan langkah-langkah yang terdapat dalam penyediaan akaun sesuatu perniagaan itu.

6.1 Aspek-aspek Perundangan

Adalah perlu diingatkan bahawa senarai debtor ialah sebahagian daripada punca pendapatan perniagaan yang masih tertangguh penerimaannya. Mereka yang dikategorikan sebagai debtor adalah penghutang-penghutang kepada sesebuah perniagaan. Kegagalan mengutip hutang bermakna perniagaan tersebut akan kekurangan hasil daripada perniagaan yang diusahakan itu. Situasi seumpama ini akhirnya boleh menganggu kelancaran aliran tunai sesebuah perniagaan.

Demi menghindari masalah-masalah seperti di atas, adalah menjadi amalan biasa sesebuah perniagaan atau syarikat menyediakan dokumen-dokumen secara bertulis untuk transaksi perniagaan yang dijalankan dengan pihak lain. Dengan kata lain, kontrak perlu disediakan bagi memudahkan kedua-dua pihak berurus niaga serta mengelakkan pertikaian kemudian.

Dalam sesuatu surat perjanjian atau kontrak perniagaan, syarat-syarat dan terma-terma yang telah dipersetujui secara bersama seharusnya diperincikan secara jelas agar kedua-dua pihak mengetahui peranan dan tanggungjawab masing-masing. Setelah sesuatu perjanjian atau kontrak tersebut ditandatangani oleh pihak-pihak yang berkaitan, untuk menjadikan perjanjian itu lebih efektif, perjanjian seharusnya dimeterai di Bahagian Stamping LHDN. Untuk 'mematikan setem hasil' (memeterainya) di Bahagian Stamping LHDN tersebut, pemeteraian tersebut hendaklah dilakukan dalam tempoh 25 hari dari tarikh perjanjian tersebut ditandatangani. Jika tidak, penalti akan dikenakan atas kelewatan tersebut.

Menyediakan surat perjanjian kekadang dianggap sebagai satu isu yang kelihatannya amat kecil dan remeh. Malahan, sering pula diambil mudah dalam operasi sesuatu perniagaan. Namun begitu, apa yang lebih penting yang hendak diutarakan di sini adalah bahawa setiap butiran yang telah dipersetujui oleh kedua-dua pihak dalam berurusniaga itu hendaklah disediakan dalam bentuk hitam putih atau bertulis. Perjanjian atau kontrak menjadi bertambah penting sekiranya bayaran hanya akan dijelaskan secara tertangguh ataupun transaksi-transaksi perniagaan tersebut dilaksanakan di bawah terma kredit.

Walaupun begitu, kebanyakan transaksi yang dijalankan secara semasa (spot) tidak perlu menggunakan kontrak. Transaksi dibayar menggunakan tunai, hanya memadai dengan menyediakan invois sahaja.

Sementara itu, perakuan terimaan bayaran dibuat dengan mengeluarkan resit.

Dalam suasana perniagaan yang tidak menentu, ada kemungkinan yang salah satu pihak akan gagal dalam memenuhi komitmen masing-masing. Pastinya sesuatu perniagaan itu mempunyai jalan penyelesaian sekiranya terma-terma dan syarat-syarat perjanjian ada bukti dimungkiri.

Dengan adanya perjanjian bertulis seperti itu, sebagai contoh, para debtor yang gagal untuk menjelaskan bayaran atas barangan atau perkhidmatan yang telah dijual atau dibekalkan kelak akan dapat diambil tindakan selanjutnya. Sementara pihak penjual atau pembekal berterusan menuntut bayaran yang seharusnya mereka terima, mereka juga berupaya meneruskan proses tuntutan tersebut sehinggalah ke peringkat tertinggi iaitu dengan menyaman mereka di mahkamah.

Saman yang dikemukakan itu memberi ruang dan harapan untuk pemiutang mendapatkan bayaran daripada penghutang. Hak tersebut juga memberi peluang kepada kedua-dua pihak untuk menjaga kepentingan perniagaan masing-masing. Tindakan saman di mahkamah merupakan antara jalan terakhir yang boleh dilakukan. Walau pun begitu, sebaik-baiknya segala masalah berkaitan dapat diselesaikan oleh kedua-dua pihak dan tidaklah sampai ke tahap sedemikian. Sekiranya telah sampai ke peringkat diadili di mahkamah, penyelesaian di luar mahkamah seharusnya tidak diabaikan begitu sahaja.

Segala langkah awal dalam pengawalan kredit yang mantap dalam sesebuah perniagaan adalah amat penting sebelum sesuatu tindakan mahkamah dapat diambil. Pihak syarikat perlulah melalui dan melaksanakan beberapa peringkat pengurusan perniagaan yang lazim diamalkan dan proses-proses tersebut seharusnya telah sempurna dilaksanakan satu persatu.

Selain kontrak atau perjanjian, invois-invois hendaklah dikeluarkan secara teratur bagi setiap barangan dan perkhidmatan yang telah disediakan itu. Jika bayaran masih juga tidak diperoleh, para penjual atau pembekal seharusnya menghantar peringatan susulan seperti menghantar penyata-penyata akaun. Penyata-penyata akaun seharusnya dihantar secara berjadual serta dikeluarkan sehingga bayaran dijelaskan ataupun sehingga tindakan susulan secara undang-undang dilakukan.

Penyata akaun seperti yang ditunjukkan dalam Jadual 5 berfungsi mengingatkan klien akan hutang. Penyata tersebut juga memberikan catatan terhadap bayaran yang masih tertangguh yang masih belum dijelaskan. Sesuatu penyata akaun merekodkan tempoh bayaran yang masih tertunggak, nombor invois, tarikh invois serta amaun bayaran yang masih tertunggak tersebut.

Perkara-perkara lain yang seharusnya diberikan perhatian adalah; adakah notis peringatan lanjutan telah dihantar kepada para debtor tersebut? Sebaik-baiknya notis tersebut hendaklah dihantar menggunakan pos berdaftar ke alamat terakhir penghutang-penghutang berkenaan.

Proses selanjutnya adalah membuat lantikan peguam bagi mewakili peniaga atau perniagaan tersebut. Maka peguam adalah pihak yang bertanggungjawab melaksanakan prosedur-prosedur perundangan selepas daripada itu. Sekiranya prosedur-prosedur asas yang telah dinyatakan lengkap, langkah-langkah berikutnya dapat memudahkan lagi urusan membawa kes-kes sedemikian ke muka pengadilan dan kemudiannya dibicarakan di mahkamah.

Pastinya menjadi harapan bagi pihak yang menuntut bahawa keputusan mahkamah adalah menyebelahi plaintif. Sementara pihak dependen iaitu pihak yang dituntut hendaklah akur dan memberikan respon yang sewajarnya terhadap keputusan mahkamah yang dikeluarkan. Lebih-lebih lagi sekiranya mahkamah telah membuat keputusan yang telah tidak memihak kepada dependen. Pihak dependen hendaklah mematuhi keputusan mahkamah tersebut dengan bersungguh-sungguh.

Situasi yang menggembirakan pihak perniagaan khususnys plaintif itu tadi pastinya didokong oleh dokumen-dokumen sokongan yang mencukupi dan lengkap yang telah tersedia dari penyediaan akaun yang baik dalam sesuatu operasi perniagaan.

Atas keyakinan itulah, perincian akaun yang telah sempurna disediakan pastinya berupaya mengurangkan rekod-rekod dari senaraian debtor. Dalam masa yang sama amaun bayaran tertunggak daripada penghutang-penghutang bagi sesebuah perniagaan itu dapat diminimakan. Seterusnya, meminimumkan risiko hutang tertunggak itu menjadi hutang-hutang yang terpaksa dilupuskan dan dihapuskira kemudian.

Selain dari faktor-faktor yang telah dinyatakan dalam buku ini, ada banyak sebab lain yang boleh menjadikan sesebuah perniagaan mengalami kegagalan. Selain ketidakupayaan menyediakan akaun yang baik seperti mana perbincangan yang difokuskan dalam buku ini, faktor-faktor lain antaranya; kekurangan modal, persaingan dalam perniagaan, sikap berputus asa para peniaga atau pengusaha, lokasi perniagaan yang tidak kondusif dan sebagainya. Walau pun begitu, penulis tidaklah berhasrat menyentuh secara terperinci akan isu-isu tersebut dalam buku ini.

6.2 Kaedah-kaedah Pengendalian Dokumen/Maklumat

Rekod-rekod akaun yang kemas menjadi sumber rujukan bagi usaha-usaha pemantauan akaun sesebuah perniagaan di kemudian hari kelak. Rekod-rekod akaun juga melibatkan pihak-pihak lain bagi sesebuah perniagaan itu. Sehubungan itu, urusan penghantaran termasuk pengeposan sama ada dokumen-dokumen berkaitan akaun mahupun dokumen-dokumen berkaitan pentadbiran adalah merupakan aktiviti-aktiviti biasa operasi sesebuah perniagaan.

6.2.1 Kaedah-kaedah Penghantaran Dokumen

Dokumen-dokumen berkaitan akaun atau secara umumnya sebarang notis yang berkaitan dengan sesuatu perjanjian boleh dihantar dengan beberapa cara. Dokumen dikira telah dihantar ke alamat yang dinyatakan dalam perjanjian tersebut berdasarkan kriteria-kriteria berikut, antaranya;

i) Kurier—Penghantaran cara ini agak cepat tetapi kosnya agak mahal. Boleh digunakan bila mana sesebuah perniagaan itu memerlukan dokumen tiba ke destinasi yang dituju dengan kadar segera. Bayaran penghantaran barangan bergantung kepada waktu penghantaran atau ketibaan, berat barangan kurier dan lokasi penghantaran.

Sekiranya dokumen-dokumen yang hendak dihantar itu perlu tiba ke destinasi pada hari yang sama, sudah tentu bayarannya adalah lebih mahal. Dari segi pematuhan terhadap keboleh sampaian dokumen, pada hari kedua berkerja daripada tarikh penghantaran dengan kurier, dokumen berkenaan dianggap telah sampai dan diterima.

ii) Pos—Kaedah pengeposan sama ada secara pos biasa atau pun pos berdaftar. Sekiranya dokumen-dokumen yang hendak dihantar itu mempunyai implikasi undang-undang, digalakkan menggunakan pos berdaftar. Dokumen tersebut dianggap telah dihantar selepas tiga hari berkerja.

iii) Faksimili—Dokumen-dokumen akaun boleh dihantar menggunakan kaedah ini sekiranya pihak penerima juga mempunyai fasiliti ini. Dokumen ini dianggap telah dihantar berdasarkan bukti cetakan mesin faksimili pihak penghantar.

iv) Emel—Satu kaedah yang biasa diamalkan oleh sesebuah perniagaan masa kini. Penerima seharusnya membuat cetakan terhadap emel @'attachment' emel tersebut.

v) Dokumen-dokumen dibawa terus dengan tangan. Dokumen-dokumen tersebut dihantar secara terus dengan tangan oleh wakil seseorang peniaga atau sesebuah perniagaan atau menggunakan perkhidmatan penghantar dokumen (dispatch).

Umumnya dokumen-dokumen yang dihantar adalah salinan sebenar asal. Sebaliknya, situasi perniagaan terkini secara konvensyennya telah menerima penghantaran salinan lembut melalui emel. Pihak yang menerimanya kemudian mencetak sendiri salinan lembut tersebut untuk menjadikannya sebagai salinan keras dokumen berkenaan.

Namun begitu, dokumen-dokumen yang berkaitan perundangan adalah disyorkan dan lebih selamat dihantar salinan kerasnya melalui cara-cara yang difikirkan sesuai seperti yang dibincangkan di atas. Adalah penting dokumen-dokumen yang dihantar itu disahkan penerimaannya oleh pihak penerimanya; dengan sesalinan pengesahan tersebut disimpan oleh pihak yang menghantar.

Bagi dokumen-dokumen yang melibatkan perundangan, biasanya dikendalikan oleh pihak peguam.

6.2.2 Penggunaan Sistem Pesanan Ringkas (SMS)

Dalam perniagaan

Penggunaan SMS (short messaging system) biasa adalah melalui telefon-telefon bimbit. Kaedah ini boleh membantu sesebuah perniagaan menghantar sesuatu mesej dengan kadar yang sangat cepat. Sistem pesanan ringkas ini dapat terus kepada penerimanya dengan spontan dan cepat.

Kebelakangan ini pula, sistem sms berinteraktif internet dari syarikat-syarikat penyedia konten (content provider) telah banyak berada di pasaran. Sistem ini berupaya menghantar sms secara pukal (bulk sms blasting) dengan cepat dan dalam kuantiti yang sangat besar. Dengan cara itu, sms-sms tersebut dapat disampaikan kepada lebih ramai penerima pada satu-satu masa. Walaupun begitu, sms tidak dapat digunakan bagi menggantikan dokumen-dokumen sokongan perakaunan perniagaan.

Penulis mengambil peluang ini untuk mengutarakan kaedah penggunaan sms secara bijak. Aplikasinya berkait rapat dengan capaian internet berserta pewujudan pengkalan data bakal penerima sms tersebut. Dalam masa yang sama mendedahkan beberapa maklumat awal terhadap beberapa sistem yang digunakan berkaitan dengan sms ini.

6.2.2.1 "1001Cara Mengguna SMS & Menjana $$$$$$ Darinya" ('1001 Ways Generating $$$$$$& Applying SMSes')

Tajuk "1001 Cara Mengguna SMS & Menjana $$$$$$ Darinya" adalah judul buku yang dicadang penulis untuk dihasilkan selepas ini. Buku tersebut memberi peluang mencerah minda para pembaca terhadap lubuk-lubuk terpendam sms. Sms tersebut sama ada digunakan dalam industri atau diaplikasikan untuk menjanakan wang kepada penggunanya.

Dalam konteks ini, apakah sistem sms tersebut? Secara ringkas, sistem-sistem tersebut dikendalikan oleh syarikat-syarikat penyedia konten melalui pautan dengan syarikat-syarikat telko. Bagaimanakah caranya untuk kita menukar sistem sms menjadi $$$$$$?

Dengan kata lain, teknologi ini adalah gabungan dua sistem dari dua gergasi korporat yang sangat besar. Iaitu gabungan perniagaan dari dua industri dan dari dua kepakaran dan kekayaan serta kejayaan dua individu billioner dunia masa kini. Dengan memanfaatkan sistem ini, boleh membantu mengembangkan perniagaan tertentu yang dijalankan.

Pengetahuan mengenai sistem ini boleh dikongsi dengan rakan-rakan yang lain. Dalam masa yang sama berkongsi menjdi rakan perniagaan sistem sms ini. Serta menggerakkannya agar menjana pendapatan secara berterusan kepada yang mengusahakannya.

Dengan kata lain, berkerja sekali tetapi memperoleh pendapatan berkali-kali sebagai pendapatan pasif yang berterusan. Buku yang bakal diterbitkan ini mendedahkan konsep dan amalan-amalan untuk mereka yang menginginkan teknologi sms tersebut. Seterusnya mengaplikasi dan menjanakan wang daripada sms tersebut. Untuk itu, nantikan penerbitan buku berkaitan dengan kupasan-kupasan idea menjalankan perniagaan sms tersebut.

6.3 Penyimpanan & Pemfailan Dokumen-dokumen Sokongan Akaun

Dokumen-dokumen akaun seharusnya disimpan untuk tempoh tidak kurang sepuluh tahun. Tujuannya memastikan yang dokumen-dokumen tersebut boleh dirujuk semula sekiranya keadaan memerlukan untuk berbuat demikian. Keperluan sebegini mungkin timbul apabila agensi-agensi kerajaan seperti Lembaga Hasil Dalam Negeri (LHDN), Kumpulan Wang Simpanan Pekerja (KWSP), Pertubuhan Keselamatan Sosial (Perkeso), dan sebagainya memerlukan untuk membuat semakan semula bagi kes-kes ketidakpatuhan kepada undang-undang dan sebagainya. Untuk itu, dokumen-dokumen tersebut hendaklah disimpan di tempat yang selamat dan tidak mudah dirosakkan oleh serangga, iklim sekitaran, dan sebagainya.

Dokumen-dokumen yang hendak disimpan itu hendaklah difail dengan baik dan dilabel dengan terang mengikut bulan-bulan dalam sesuatu tahun kewangan syarikat secara berurutan. Fail-fail boleh dilabelkan mengikut tajuk-tajuk seperti berikut, antaranya:

- Invois (Tuntutan bayaran)
- Baucer Bayaran (Keluaran bayaran)
- Slip Deposit/Bank-In (Terimaan bayaran)
- Resit-resit
- Nota Kredit
- Nota Debit
- Bil-bil Utiliti
- Senarai Debtor
- Senarai Kreditor
- Penyata-penyata Akaun Bank Bulanan
- Penyata Pelarasan Bank
- Surat-surat Perjanjian/Kontrak
- Komisyen
- Sebutharga
- Nota Penghantaran
- Profil Syarikat
- Dokumen-dokumen SSM termasuk Borang-borang 9, 24, 44, 49, M & A, Borang D, dll.
- Fail-fail Personel
- Fail-fail agensi-agensi statutori atau berkanun;
  o Kumpulan Wang Simpanan Pekerja (KWSP)
  o Pertubuhan Keselamatan Sosial (Perkeso)
  o Lembaga Hasil Dalam Negeri (LHDN)
- Fail-fail pembelian aset
- Surat-surat koresponden dengan pihak luar

- Fail-fail lain yang sesuai bagi memudahkan membuat rujukan pada masa-masa yang akan datang.

Format-format yang ditunjukkan di atas boleh digunakan untuk membuat pelabelan fail-fail (Gambarajah 9 pada bahagian Lampiran buku ini). Setelah sesuatu akaun itu diaudit, fail-fail tersebut bolehlah disimpan dalam kotak dan ditandakan dengan sewajarnya. Kemudian kotak tersebut bolehlah ditempatkan secara selamat di setor-setor, dan sebagainya.

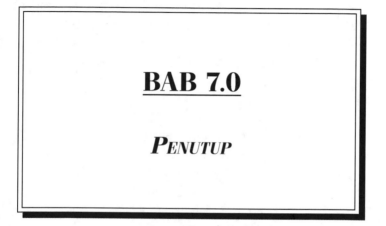

BAB 7.0

PENUTUP

Sekali lagi perlu diingatkan bahawa pengetahuan asas seseorang peniaga mengendalikan akaun perniagaan sangatlah penting. Dengan terbitnya buku ini yang dilengkapi serta padat dengan isi kandungan yang relevan dengan tajuk yang dibincangkan, diharap dapat menyumbang sebanyak mungkin manfaat dan berfaedah besar kepada para pembaca sekalian. Diharapkan juga, buku ini berupaya menjadi sumber rujukan lengkap dalam proses penyediaan akaun yang baik dalam sesuatu perniagaan. Dengan kata lain, akronim yang digunakan iaitu "D.I.Y." itu, benar-benar bertepatan dengan maksud "Do It Yourself". Bermaksud buku ini boleh menjadi panduan bagi melaksanakan kerja-kerja akaun itu sendiri.

Sehubungan itu, harapan dan doa berpanjangan penulis agar hasil penulisan, penerbitan, percetakan, pengedaran, pembacaan dan gerak kerja kursus dan apa sahaja aktiviti berkaitan dengannya termasuklah pengeditan dan penterjemahannya akan diterima oleh Allah. Justeru itu diharapkan buku ini menjadi sebagai sumbangan yang akan mengalirkan pahala yang berterusan kepada penulis khususnya serta yang lain-lain umumnya. Doa juga sama-sama diiringi agar ganjaran serupa diperoleh kepada yang lain. Termasuklah kepada mereka dari kalangan yang terlibat sama ada secara langsung atau tidak langsung dalam usaha-usaha murni ini. Penulis sedar bahawa sekiranya menulis kerana wang semata-mata, boleh mendorong kepada kegagalan dalam penulisan.

Penulis juga ingin mengambil peluang di sini untuk menyatakan yang penulis tidaklah keberatan untuk menerima sebarang komen mahupun kritikan-kritikan membina daripada pembaca-pembaca sekalian. Dengan maklum balas yang diperoleh itu diharap meningkatkan lagi mutu penulisan dan penghasilan buku ini pada masa-masa yang akan datang.

Dengan harapan, kritikan-kritikan membina yang diberikan menjadikan hasil penulisan buku ini pada masa-masa yang akan datang menjadi semakin mudah difahami serta menjadi rujukan terutamanya dalam mengendalikan penyediaan akaun sesuatu perniagaan. Seterusnya menjadikan persembahan buku ini pada masa-masa yang akan datang menjadi sesuatu yang sangat mesra pembaca.

Fenomena yang terdapat dalam masyarakat sehingga kini seperti menyetujui mitos yang menyatakan bahawa pengamalan akaun dalam sesebuah perniagaan adalah sesuatu yang sangat sukar dan rumit. Namun pendedahan serta pemahaman diambil dari buku ini berserta penyertaan dalam kursus-kursus yang dijalankan, diharapkan mampu merungkai belenggu pemikiran dan persepsi negatif sebahagian masyarakat mengenainya. Seterusnya, mengharapkan agar usaha-usaha sebegini berjaya pula menghalang dan mengurangi persepsi negatif terhadap perakaunan dari berakar umbi dalam masyarakat pada masa-masa akan datang.

Apalah ada pada harga dan masa yang digunakan dalam membeli dan membaca buku ini, kalau dibanding kesilapan khususnya dalam penyediaan akaun sesuatu perniagaan. Kesilapan tersebut berisiko pula, kemudiannya mengakibatkan kerugian yang mungkin dialami pada harga yang sangat tinggi.

Bahawasanya, akaun bukanlah sesuatu yang sangat sukar dan rumit. Sebaliknya akaun adalah sesuatu yang sangat mudah dipelajari dan diamalkan. Perakaunan perniagaan adalah sesuatu yang sangat dinamik sifatnya dan tersangat menguja untuk dimahirkan pelaksanaannya. Adalah perlu diingatkan, menyediakan akaun adalah seperti melaksanakan sebahagian amalan 'wajib' dalam sesebuah perniagaan. Dengan kata lain, perakaunan mesti dilaksanakan sama ada mahu atau tidak dalam mana-mana perniagaan.

7.1 Buku Edisi 'eBook'

Kemajuan dunia maya dengan penggunaan internet serta aplikasi yang canggih diharap memudahkan lagi buku ini sampai kepada para pembaca melalui penerbitan edisi ebuku. Diharapkan ebuku memberikan peluang untuk mereka yang ingin membeli buku ini pada harga yang lebih murah serta pada kadar yang sangat cepat untuk memilikinya.Terdapat juga buku-buku cetakan yang lain yang akan diterbitkan melalui versi ebuku berkenaan.

Edisi ebuku diterbitkan juga untuk buku-buku berkulit lembut. Antara lain, termasuklah ebuku untuk buku berbahasa Melayu, bahasa Inggeris dan juga bahasa Indonesia.

7.2 Buku Terjemahan Berbahasa Inggeris

Semoga ilmu dan kaedah D.I.Y. dalam buku ini berupaya menjangkau seberapa ramai khalayak di luar sana. Penulis dan penerbit berbesar hati menawarkan juga edisi terjemahan berbahasa Inggeris termasuk versi ebuku sekiranya berkesempatan.

7.3 Buku Versi Berbahasa Indonesia

Dimaklumkan bahawa teks asal buku ini diterbitkan juga dalam versi berbahasa Indonesia. Bagi memantapkan isi kandungan dalam bahasa tersebut, bukan sahaja dialih bahasakan tetapi diolah dan diadaptasi agar penerbitannya sesuai dengan situasi di sana.

Sebagai contoh, di Indonesia tidak terdapat Suruhanjaya Syarikat Malaysia untuk mendaftar sesuatu perniagaan mahupun syarikat. Tetapi mereka mempunyai badan khusus mendirikan 'serikat' dan tertakluk kepada prosedur-prosedur yang ditetapkan di negara itu.

Namun begitu, sebagai contoh; terdapat juga bahagian-bahagian tertentu dalam buku versi berbahasa Indonesia tersebut yang boleh dijadikan panduan untuk ahli-ahli perniagaan asing termasuklah dari Malaysia sekiranya mahu mendirikan perusahaan serta memperbadankan syarikat dalam negara berkenaan.

Penerbitan ebuku serta adaptasi yang dilakukan dari teks asalnya diharapkan menjangkau lebih ramai pembaca yang berminat terhadap skop penulisan buku ini. Akhir kalam, terima kasih daripada penulis; Zakaria bin Abd. Rahman @Zakaria Abdulrahman sebagai nama pena penulis atas sokongan pembaca terhadap usaha-usaha berkaitan penulisan dan penerbitan buku ini.

Terima kasih tidak terhingga juga kepada yang sudi membaca dan menimba ilmu daripada buku ini dan juga ebuku. Terima kasih juga kepada mereka yang berniat serta bersedia menyatakan hasrat untuk mengikuti kursus berkaitan.

Tidak lupa juga mendahulukan berterima kasih kepada mereka yang menantikan penerbitan buku-buku selanjutnya yang dihasilkan oleh penulis.

Sekian.

RUJUKAN

1) Sebahagian rujukan dalam buku ini dipetik dari artikel-artikel yang disiarkan dalam laman-laman sesawang/portal-portal yang antara lain adalah seperti berikut berikut;

- ACCA *(www.accaglobal.com)*
- Akta Syarikat, 1965—Undang-undang Malaysia.
- DM Corporate Sdn. Bhd.
  (www. registercompany.com.my)
- *Google(Search engine))*
- Investopedia *(www.investopedia.com)*
- KL Management Services
  (www.klmanagement.com.my)
- Malaysian Institute of Chartered Secretaries and Administrators *(www.maicsa.com.my)*
- SMS Corporate Services Sdn. Bhd.
  (www.smscs@companies2u.com)
- Suruhanjaya Syarikat Malaysia*(www.ssm.com.my)*
- Tips-tips bisnes—Artikel-artikel Tulisan Saudara Man Hafsyam *(www.mindamindabisnes.blogspot.com)*
- Tuk Kiyai (Catatan di Blog)
  (http://kafesantai.blogspot.com)
- Wikipedia*(www.wikipedia.org)*

2) Datin Dr. Hjh. Siti Hawa Mohd, 2012, MYDIN— DISEBALIK TABIR, Kuala Lumpur, MPH Publishing Sdn. Bhd.

3) Zamri Mohamad, 2011, TIP MENJADI PENULIS BESTSELLER, Kuala Lumpur, PTS Professional Publishing Sdn. Bhd.

4) Zamri Mohamad, CARI DUIT MUDAH SEBAGAI PENULIS BEBAS—Menulis di Pasaran Kecil bagi Pendapatan yang Besar, Kuala Lumpur, PTS Professional Publishing Sdn. Bhd.

Nota:

Penulis tidak menyenaraikan banyak buku-buku rujukan berbentuk ilmiah dalam menghasilkan buku ini.Sebabnya, paparan penulisan ini adalah lebih kepada pengalaman langsung penulis semasa bekerja dan mengendalikan akaun. Harap maklum.

JADUAL-JADUAL

Jadual-jadual 1 hingga 6 ialah contoh-contoh untuk menyediakan sebahagian daripada rekod-rekod dokumen sokongan akaun perniagaan.

Rekod INVOIS

Sykt ABC Sdn. Bhd.

Tahun/Bulan: tttt / bb

Tarikh Invois Dikeluar	No. Invois	Nama Klien	Amaun Invois	Perihal Bayaran	Cara Bayaran	Tarikh Bayar	Amaun Bayaran	P/NP/PP	KR - Bank
01Aug	08-001	DEF sb	510.15	Mencetak poster.	Cek	10Aug	510.15	P	XYZ Bank
05Aug	08-002	GHI sb	300.00	Menyedia Papan Tanda	Pindahan atas talian.	13Aug	300.00	P	XYZ Bank
10Aug	08-003	JKL sb	3,085.79	Mencetak Brocur	Cek.	16Aug	3,085.79	P	XYZ Bank

118

Sykt ABC Sdn. Bhd.

Tahun/Bulan: tttt / bb   Jadual 2

Tarikh Deposit	No. Invois	Terima Bayar Drp	Perihal Bayaran	Perihal Bayaran	Cara Bayaran	Tarikh Invois dikeluar kan	Amaun Invois
28-Jul	Dengan cek		100,000.00	Sumbangan modal.			
Jumlah			100,000.00				
10Aug	08-001	DEF sb	510.15	Mencetak poster.	Cek	01Aug	510.15
13Aug	08-002	GHI sb	300.00	Menyedia Papan Tanda	Pindahan atas talian.	05Aug	300.00
16Aug	08-003	JKL sb	3,085.79	Mencetak Brocur	Cek.	10Aug	3,085.79

119

Rekod CEK DIISU

Sykt ABC Sdn. Bhd.

Tahun/Bulan: tttt / bb

Tarikh Cek Diisu	No. Baucer	No. Cek	Penerima Bayaran	Perihal Bayaran	Amaun Bayaran
07Aug	08-003	123003	Penerima C	Upah / Elaun.	1,200.00
24Aug	08-004	123004	Penerima D	Dakwat pencetak.	2,923.58
28Aug	08-005	123005	Penerima E	Membekal & memasang penghawa dingin	10,000.00
29Aug	08-006	123006	Penerima F	Belian mesin fotostat.	5,000.00
30Aug	08-007	123007	Penyata Tunai Runcit	Belanja Pelbagai.	500.00
				Jumlah	19,623.58
28Jul	07-001	-	XYZ Bank	Auto Debit.	15.00
29Jul	07-002	123001	Penerima A	Belian Alat Tulis.	806.00
31Jul	-	123002	Penerima B	Penyelenggaraan Pejabat.	1,500.00
				Jumlah	2,321.00

120

PETARAN BANK

Sykt ABC Sdn. Bhd.

Tahun/Bulan: tttt / bb

Tarikh Deposit	No. Invois	DR	Tarikh Cek	No. Baucer	No. Cek	Penerima Bayaran	Perihal Bayaran	KR
28Jul	Deposit tunai.	100,000.00	28Jul			XYZ Bank	Auto Debit.	15.00
			29Jul	07-001	123001	Peneri ma A	Belian Alat Tulis.	806.00
Jumlah		100,000.00	Jumlah					821.00
Baki lejer/Akhir pada 31Jul:								99,179.00
Cek-cek belum dikredit & dibawa ke hadapan 01Aug:								
			31Jul	07-002	123002	Peneri ma B	Selenggar a Pej.	1,500.00
Jumlah								1,500.00
Baki tunai sebenar di bank dibawa ke hadapan 01Aug:								97,679.00

10Aug	08-001	DEF sb	510.15	07Aug	08-003	123003	Penerima C	Upah	1,200.00
13Aug	08-002	GH1 sb	300.00						
16Aug	08-003	JKL sb	3,085.79						
Jumlah			3,895.94	Jumlah					1,200.00
Baki lejer/Akhir pada 31Aug:									100,379.00

122

Cek-cek belum dikredit & dibawa ke hadapan 01Sep:					
31Jul	07-002	123002	Penerima B	Selenggara pej.	1,500.00
24Aug	08-004	123004	Penerima D	Dakwat cetak.	2,923.58
28Aug	08-005	123005	Penerima E	Pasang penghawa dingin.	10,000.00
29Aug	08-006	123006	Penerima F	Belian mesin fotostat.	5,000.00
30Aug	08-007	123007	Penyata Tunai Runcit	Belanja Lain-lain.	500.00
Jumlah					19,923.58
Baki tunai sebenar di bank dibawa ke 01Sep:					80,455.42

PENYATA AKAUN

Nama & Alamat penerima:

Tarikh:

Tarikh Invois	No. Invois	Keterangan	Bil. Hari bayaran tertangguh				Jumlah
			91 ke 120	61 ke 90	31 ke 60	< 30	
							-
							-
							-
							-
							-
							-
							-
							-
Jumlah Tertunggak			-	-	-	-	-

Nota:

1) Amaun tertunggak seperti dinyatakan di atas dianggap betul sekiranya tiada sebarang maklumat lanjut daripada pihak tuan menyatakan sebaliknya dalam tempoh 14 hari daripada pihak tuan menyatakan sebaliknya dalam tempoh14 hari daripada pihak tuan menyatakan sebaliknya dalam tempoh14 hari daripada tarikh penyata ini.

2) Pembayaran dengan cek atas nama: ABC SDN. BHD.
   . No. Akaun: 234 - 5678 - 9999 - 10.
   Nama bank: XYZ Bank Berhad.

3) Sebarang pertanyaan, sila hubungi: _____
   (No. tel: _____)

124

Sykt ABC Sdn. Bhd.

Tahun/Bulan: tttt / bb

Jadual 6

Tarikh Terimaan	No. Invois	Diterima Drp	DR	Tarikh Keluaran	No. Baucer	Penerima Bayara	Perihal Bayaran	KR
06-Sep		Cek sendiri/Sykt.	500.00	10-Sep	Vou.T/ 09-001	7-Eleven	Belian Alat Tulis	105.00
20-Sep		Pelangga datang terus (Walk-in)	300.00					
				Baki berakhir 30-Sep				695.00
Jumlah			800.00	Jumlah				800.00

125

GAMBARAJAH-GAMBARAJAH

Makluman

Gambarajah-gambarajah (1) hingga (10) yang diimbas adalah sampel sebenar. Segala langkah telah diambil untuk memelihara privasi dan kerahsiaan entiti serta maklumat perniagaan yang dipamirkan. Sampel-sampel yang ditunjukkan membantu pembaca mengenali sebahagian dokumen-dokumen sokongan dalam penyediaan akaun perniagaan.

—Penulis.

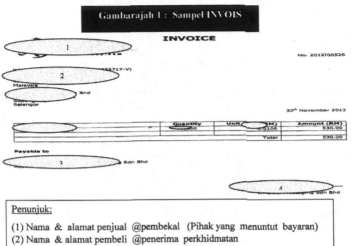

Gambarajah 1 : Sampel INVOIS

INVOICE

No. 2012100526

30th November 2012

	Quantity	Unit (RM)	Amount (RM)
			530.00
		Total	530.00

Payable to

Sdn Bhd

Penunjuk:

(1) Nama & alamat penjual @pembekal (Pihak yang menuntut bayaran)
(2) Nama & alamat pembeli @penerima perkhidmatan
(3) Butiran untuk pengkreditan bayaran kepada penjual @pembekal
(4) Nama wakil sah penjual @pembekal.

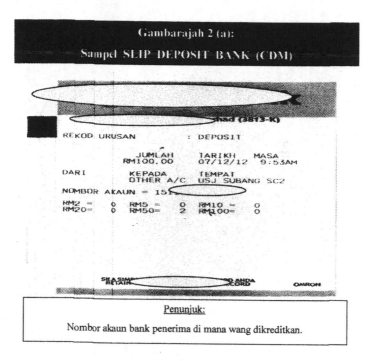

Gambarajah 2 (a):

Sampel SLIP DEPOSIT BANK (CDM)

REKOD URUSAN   : DEPOSIT

| | JUMLAH | TARIKH | MASA |
| | RM100.00 | 07/12/12 | 9:55AM |

DARI   KEPADA   TEMPAT
                OTHER A/C   USJ SUBANG SC2

NOMBOR AKAUN = 151

RM2 = 0   RM5 = 0   RM10 = 0
RM20= 0   RM50= 2   RM100= 0

SILA SIMPAN ... ANDA
RETAIN ... CORD   OMRON

Penunjuk:

Nombor akaun bank penerima di mana wang dikreditkan.

Gambarajah 2 (b):

Sampel SLIP DEPOSIT PINDAHAN ATAS TALIAN

Open 3rd Party Transfer

Status:
Reference number:
Transaction date:

Amount: RM56.00

From Account:

To Open 3rd Party Account :
3rd Party Email Address :
Account Holder Name :

Note: This receipt is computer generated and no signature is required.

<u>Penunjuk:</u>

No. akaun pembayar / No. akaun penerima bayaran / Nama pemegang akaun
penerima bayaran .

Gambarajah 3:

Sampel CEK

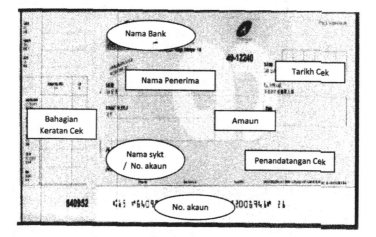

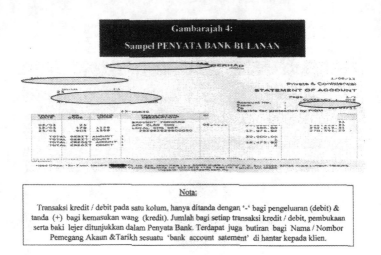

Gambarajah 4:

Sampel PENYATA BANK BULANAN

Nota:

Transaksi kredit / debit pada satu kolum, hanya ditanda dengan '-' bagi pengeluaran (debit) &
tanda (+) bagi kemasukan wang (kredit). Jumlah bagi setiap transaksi kredit / debit, pembukaan
serta baki lejer ditunjukkan dalam Penyata Bank. Terdapat juga butiran bagi Nama / Nombor
Pemegang Akaun & Tarikh sesuatu 'bank account satement' di hantar kepada klien.

Gambarajah 5:

Sampel PENYATA AKAUN

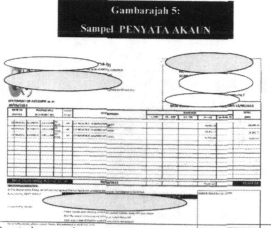

Nota: Penyata akaun seperti satu penyata sejarah rekod-rekod invois yang masih belum dilunaskan pembayarannya – dikeluarkan sama ada oleh penjual, pembekal atau pun mereka yang menuntut bayaran. Sesuatu penyata akaun seharusnya menyatakan amaun yang masih tertunggak dan tempoh tunggakan.

Gambarajah 6:

Sampel BAUCER

VOUCHER NO: 131011

...CES (SA0239526-W)

...ALFA A, 1B/A,
PUSAT PERDAGANGAN SUBANG PERMAI,

www. ...ngenius.com

BAYAR KEPADA		
	CARA BAYARAN	
TUNAI/	CEK/	BANK/
KETERANGAN		**AMAUN**
RINGGIT MALAYSIA		
DISAHKAN OLEH	**DIBAYAR OLEH**	**PENERIMA**
NAMA: TARIKH:	NAMA: TARIKH:	NAMA: NO. K/P: TARIKH:

Nota: Perhatikan butiran penting dalam menulis baucer. Catatkan nama penerima bayaran dengan
betul (seperti ditulis pada cek), tarikh bayaran, nombor cek, nama bank penerima bayaran, perihal
bayaran & amaunnya serta kelulusan bayaran.

134

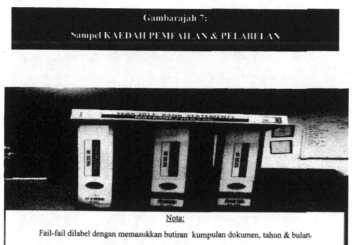

Gambarajah 7:

Sampel KAEDAH PEMFAILAN & PELABELAN

Nota:

Fail-fail dilabel dengan memasukkan butiran kumpulan dokumen, tahun & bulan.

Contoh: Tahun – 2013 / Bulan - Jan / Invois.

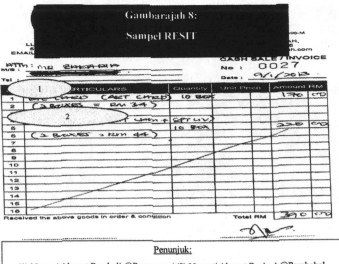

Gambarajah 8:

Sampel RESIT

Penunjuk:

(1) Nama / Alamat Pembeli @Pemesan, / (2) Nama / Alamat Penjual @Pembekal.

136

Gambarajah 9:

Sampel SEBUT HARGA

NO 3, 3 Floor, Jalan 3/2, Section 51A, 46100 Petaling Jaya, Sel...
Tel: (603) 7960 6560 (Hunting Line) | Fax: +603 7960 6559 | www.eden.net.my

QUOTATION FOR:

QUOTATION

SDN BHD
BUSINESS
CENTRE
JAYA
UL ENGAN.   TEL: 03-

DATE: 06.07.2012
REF NUMBER: .... EO/CE/07/20...

ATTENTION: EN. ZAKARIA ABDULRAHMAN

Re: Quotation For EzyCheq Cheque Writer Ver 6.0
Referring to the above, we are pleased to offer pricing as follows:

DESCRIPTION	UNIT PRICE (RM)
EzyCheq Writer Software Ver 6.0	1,508.00
▫ Installation	
▫ Training at site	
▫ Configuration and setup	
▫ Testing	
Delivery Package Includes:	
▫ Hockey dongle	
▫ EzyCheq CD	
* (WITH PRINTER)	

Quotation validity : 30 days from the date of quotation

Prepared by: Josephine Thomas
            Product Specialist

LIFET...
WARR...

CUSTOMER CONFIRMATION

We hereby agree to purchase the above said EzyCheque Writer Software. Quantity : ....1....... Unit :

_____
Client's Signature

_____
Confirmation Date of Installation

Nota: Di bahagian bawah surat sebut harga terdapat ruangan untuk penerima
menandatanganinya sebagai persetujuan menerima harga @syarat-syarat yang

Gambarajah 10:

Sampel PESANAN BELIAN

Nota: Pesanan belian menetapkan pesanan yang dilakukan oleh pembeli atau penerima perkhidmatan yang ditawarkan oleh penjual / pembekal. Lokasi penghantaran barangan atau pun perkhidmatan yang diminta TIDAK semestinya sama dengan nama & alamat pembilan.